湖北省社科基金项目"全球金融治理体系变革背景下金砖开发银行建设及其影响研究"成果
（项目号：HBSK2022YB269）

全球金融治理体系变革背景下
金砖开发银行建设及其影响研究

薛志华 ◎ 著

九 州 出 版 社
JIUZHOUPRESS

图书在版编目（CIP）数据

全球金融治理体系变革背景下金砖开发银行建设及其
影响研究 / 薛志华著 . -- 北京 ：九州出版社，2023.10

ISBN 978-7-5225-2449-8

Ⅰ . ①全… Ⅱ . ①薛… Ⅲ . ①国际金融管理－研究
Ⅳ . ① F831.2

中国国家版本馆 CIP 数据核字（2023）第 207220 号

全球金融治理体系变革背景下金砖开发银行建设及其影响研究

作　　者	薛志华 著	
责任编辑	李创娇	
出版发行	九州出版社	
地　　址	北京市西城区阜外大街甲 35 号（100037）	
发行电话	(010)68992190/3/5/6	
网　　址	www.jiuzhoupress.com	
印　　刷	武汉贝思印务设计有限公司	
开　　本	787 毫米 ×1092 毫米　16 开	
印　　张	9.25	
字　　数	137 千字	
版　　次	2023 年 11 月第 1 版	
印　　次	2023 年 11 月第 1 次	
书　　号	ISBN 978-7-5225-2449-8	
定　　价	48.00 元	

前　言

　　全球金融治理体系正处在新旧权力主体、新旧价值观念、新旧国际规则冲突碰撞、交流、融合的转型时期。金砖开发银行即是在此背景下，金砖国家为实现本国利益和共同利益，对未来全球金融治理作出长远性制度安排的产物。本文采用规范分析、比较分析、案例分析、历史分析、跨学科分析等研究方法，研究全球金融治理体系的演进及存在的问题，分析金砖开发银行的治理结构和贷款制度建设，阐明金砖开发银行建设对全球金融治理体系变革的影响，以期实现理论研究、实践指引、决策参考三重目的。

　　除绪论和结论外，本文主要讨论三个问题：

　　首先，研究全球金融治理的体系化及其存在的问题。通过分析全球金融治理中的国际组织，指出国际组织的社会化趋势加速了全球金融治理的体系化，指出全球金融治理体系蕴藏的危机驱动、大国主导、软法和硬法相结合的特征，并通过研究全球金融治理体系的演进，阐明在体系稳定性、公平性和有效性方面存在的质疑，指出全球金融治理体系改革的有限性，进而结合新冠疫情阐释全球金融治理体系面临的突出问题。

　　其次，研究金砖开发银行的建设问题。研究金砖开发银行的治理结构，通过对传统多边开发银行治理结构设置的考察，指出金砖开发银行在建立决策、执行和监督机制的创新。继而研究金砖开发银行的贷款制度，借助案例研究方法，分析环境社会框架和可持续金融制度的建设问题，指出其的创新。

最后，研究金砖开发银行推动全球金融治理体系变革的作用问题。以促进全球金融治理体系的法治化为中心，阐明金砖开发银行在理念引领、机制建设、实体规则三方面的作用，指出金砖开发银行面临的挑战及存在的不足，进而从中国角度提出推动金砖开发银行完善的建议。

目　录
CONTENTS

绪　论

第一章　全球金融治理的体系化及其面临的问题

第二章　金砖开发银行的治理结构

第三章 金砖开发银行的贷款制度建设

第四章 金砖开发银行建设对全球金融治理体系的影响

第五章 金砖开发银行的未来发展与中国的作为

绪　论

◇━━━━━━━━◆━━━━━━━━◇

一、研究背景

国际经济金融格局取决于国际力量对比，国际金融法律秩序变革取决于国际力量对比变化。伴随着发展中国家的崛起，以布雷顿森林体系为基石的战后国际金融法律秩序已经难以适应当前的情势变化，要求提升发展中国家代表性和发言权，增强公平性的呼声日益高涨。然而，现行国际秩序的主导国家对于改革的呼声置若罔闻，不愿意削弱放弃其自身拥有的制度性权利。2008 年金融危机爆发之后，全球经济增长陷入低谷，发展中国家表现出来的经济活力成为全球经济增长的引擎。与此同时，在破除金融危机、主权债务危机影响的过程中，发展中国家发挥的作用更加显著，对于国际金融事务的影响力不断提升，承担的国际责任也在不断增多。但是与其影响力和责任相匹配的制度性话语权却没有相应增加，发展中国家力图通过相互合作，以团体集合的力量推动国际金融法律秩序向着更能反映公平正义的方向发展。这也成了金砖开发银行设立的时代背景。

金砖开发银行[1]的设立与运营证明了金砖国家合作的有效性和行动力，同时也是金砖国家拓展合作领域、深化合作形式的重要表现。金砖开发银行

---

[1]　已有的关于金砖开发银行的名称表述各异，有新开发银行、金砖国家新开发银行、金砖开发银行等，本文拟统一采用金砖开发银行的提法。

是在国际经济规则需要不断革故鼎新，以适应全球增长格局新变化的背景下应运而生的。这一银行是发展中国家提出的不同于西方的全球治理方案，[1] 是对传统国际多边开发机构的发展创新，同时也是金砖国家提升自身在全球治理体系中地位和作用的重要平台。

在称赞金砖合作丰硕成果的同时，我们也需要清醒地认识到以金砖开发银行为代表的金砖国家方案仍没有撼动当前以美国为主导的世界秩序的能力。金砖开发银行的体量与包容性仍然不足，其对于传统机制的发展创新更多体现在新的主体身份、新的治理原则、新的发展角色、新的合作纽带四个层面。[2] 对其治理机制如何发展、其与现行国际金融秩序的关系、其与全球治理的关系等问题，金砖开发银行并未从已有的制度建设中给出明确答案，具体制度创新仍需在实践中总结确立。历来为金砖开发银行所主张的制度创新至少应包括筹资机制、治理机制、运营机制三方面。金砖开发银行的制度创新往往与其能否担负起金砖国家提升全球治理地位和作用的任务息息相关，责任的重大性与任务紧迫性也为学术界研究金砖开发银行提供了新的切入点。

二、研究动机与目的

本文的研究动机主要表现为两点：第一，总结金砖开发银行的设立意义。金砖开发银行作为金砖国家合作的重要制度性成果，其对于金砖国家合作、南南合作、南北对话的意义值得挖掘。第二，揭示金砖开发银行对于国际金融法律秩序的作用。金砖开发银行并不是生活在真空之中，也会通过自身的行为影响国际金融法律秩序的变革，反之，国际金融法律秩序变革也将推进金砖开发银行的发展，更为准确清晰地说明这一问题实属必要。

本文的写作力求实现三个目的：首先，丰富对于金砖开发银行的理论研究成果。本文试图通过对金砖开发银行法律制度的研究，进一步丰富学界尤

---

[1] 庞中英. 要不同于西方的全球治理方案——金砖合作与世界秩序转型. [J]. 人民论坛·学术前沿, 2014 (9): 26-36.

[2] 张海冰. 金砖开发银行的发展创新 [J]. 国际展望, 2015 年 (5): 220-228.

其是国际法学界对于金砖开发银行的研究成果,并从理论角度提炼金砖开发银行设立的分析框架,展望其发展前景。其次,提供实践指引。金砖开发银行作为国际金融机构之一,会依据自身设定的贷款条件、环境社会政策对外发放贷款。本文力图通过对其贷款制度的研究,为借款国或者借款企业提供指引。最后,提供决策参考。金砖开发银行是中国发起参与的重要国际组织。如何更为有效地参与金砖开发银行的业务决策、组织运营,合理规划自身行为,借助金砖开发银行推进南南合作与南北对话,完善全球金融治理提供决策参考。

三、国内外研究现状

(一)国内研究现状

国内学术界对于金砖开发银行的研究成果比较丰富。考察已有的著作、期刊、报纸评论,其研究的侧重点多聚焦于宏观性的分析,包括梳理金砖开发银行的发展历程、强调其自身的价值、作用及影响,阐述其对于中国的价值、对于全球经济治理、全球经济秩序的影响。相比之下,从微观角度研究金砖开发银行具体制度、理念内容的成果相对较少。已有的成果或聚焦于金砖开发银行所蕴含的新理念、新制度,或研究其治理结构的构建、贷款制度的创设、司法豁免权等问题。这些微观研究与宏观研究一道构成了国内对于金砖开发银行的研究现状。

1.宏观视角:梳理历程原因 聚焦作用影响

分析金砖开发银行的发展历程与设立原因,研究其产生、发展的背景是学术界较为惯常采用的研究套路,其也是研究金砖国家合作的重要论据和事实佐证。国内对于这一银行的研究也往往混杂在金砖国家合作的阐述之中。从现有的研究来看,对于这一问题的论述主要涉及以下几点:第一,溯源金砖五国的合作动力,分析金砖开发银行的发展问题。从现有的文献来看,有关俄罗斯、印度、巴西、南非金砖合作的参与动机均有相关的文献进行阐述。俄罗斯对于金砖合作机制得以建立的推动作用极为明显,印度试图借助这一机制实现其政治、经济、安全诉求，巴西谋求对于国际事务的参与以及国际地位的提升，南非的诉求在于推进本国经济发展，注重提升非洲在全球治理中的作用。[1] 在研究参与动机的同时，学者们同样注意到基于战略合作意愿、政治发展水平、贸易与投资方面的摩擦，可能成为影响金砖合作发展的阻碍。金砖合作存在的分歧也体现于金砖开发银行设立的过程之中，在初始资本份额问题上，巴西、印度等国反对一国独大的地位，主张等额出资，平等享有决策权。巴西总统甚至宣称："我们不希望看到美国主导的秩序，但也不希望看到中国的主导"。[2] 中国与印度围绕银行总部所在地展开的争夺也体现了金砖国家内部之间存在的分歧，这也在某种程度上成为深化金砖合作的阻碍。第二，针对金砖开发银行从设立背景到实际运作的研究。司文、陈晴宜《金砖国家合作机制发展历程与前景》（2015）一文中论述了在福莱塔萨峰会上，金砖五国决定成立金砖开发银行，在乌法峰会上，金砖五国领导人签署了《金砖国家银行合作机制与金砖开发银行开展合作的谅解备忘录》，为其进行对外合作提供了机制化的安排。第三，针对金砖开发银行设立原因与目的的研究。毕吉耀、唐寅在题为《金砖开发银行的前景》一文中，将金砖开发银行的设立作为金融危机后世界经济格局发展演变的结果之一。[3] 安国俊将金砖开发银行成立的原因归结为不断增强的综合国力、降低金融危机的影响、谋求更大的国际金融话语权。

金砖开发银行成立的作用与意义是学术界又一研究的重点。综合学术界的研究，对于这一问题的研究涉及对于金砖国家与其他发展中国家的意义、对于全球经济治理、国际政治经济新秩序的影响等问题。在《国际金融合作视野中的金砖开发银行》一文中，汤凌霄认为金砖开发银行为缓解金砖国家基础设施建设巨大的融资缺口与外汇储备低收益、封闭式管理成本高的问题提供了解决路径。[4] 金砖开发银行的设立可以有效地提升资金的时空转移利用效率，在投资实体经济促进实体经济发展的同时，提升资金收益率。金砖

[1] 肖辉忠. 试析俄罗斯金砖国家外交中的几个问题分析 [J]. 俄罗斯研究，2012 (4): 16-21.
[2] 庞珣. 金砖开发银行的"新意" [J]. 中国投资，2014 (8): 1-5.
[3] 毕吉耀，唐寅. 金砖开发银行的前景 [J]. 中国金融，2014 (16): 50-57.
[4] 汤凌霄等. 国际金融合作视野中的金砖开发银行 [J]. 中国社会科学，2014 (9): 60-65.

国家合作机制是各成员国在经济金融发展领域开展对话合作的重要平台，尽管彼此之间有历史恩怨、领土纠纷、利益矛盾，但这些社会矛盾不应成为务实合作的障碍。对于金砖合作的重要成果——金砖开发银行而言，其成立打破了金融旧格局，为金砖国家提升在国际金融体系中的话语权创造了条件，同时可以减轻对于美元、欧元和日元的依赖，促进国际货币体系的改革。中巴签署货币互换协议，为深化双边金融合作，消解汇率波动给双边贸易造成的风险创造了条件。[1] 金砖开发银行作为现有国际金融机构的有益补充，其不仅向发展中国家提供经济安全发展资金，同时也提供不同于西方的治理理念，由此倒逼国际货币基金组织、世界银行等多边金融机构完善自身、提高效率。[2] 建立金砖开发银行为金砖国家参与国际经济体系话语权的争夺、深化金砖合作、促进本国经济发展创造了条件，为推进国际政治经济秩序变革提供了制度基础。

2. 微观视角：前瞻制度设计 展望银行未来

《福莱塔萨宣言》通过设立金砖开银行的决定，也使得国内学术界涌起了研究其具体制度设计与架构建设的热潮。由于金砖开发银行从决定设立到实际运营的时间相对较短，其具体的制度尚未完全定型。国内关于治理结构、贷款制度、与其他国际行为体之间的关系等问题的研究多属于前瞻性的研究，其目的在于为银行的运营与业务开展建言献策。这些前瞻性的研究在金砖开发银行的后续设立中得到了验证，也对于其未来的业务开展具有指导意义。正如财政部前部长楼继伟所言："金砖开发银行应在充分借鉴现有多边开发银行经验的基础上，注重通过创新降低成本，提高效率，更好地适应不同发展阶段客户的动态需求和不断变化的世界经济形势"。学界对于银行具体制度的设计研究也多建立在对于已有多边开发金融机构的借鉴基础之上进行发展创新。朱杰进在《金砖开发银行的战略定位与机制设计》一文中为其机制设计提供了五项原则：平等治理、市场化运营、不干涉内政但坚持高标准、

[1] 卢静. 后危机时期金砖国家合作战略探析 [J]. 国际展望, 2013(6): 106-108.
[2] 孙忆, 李巍. 国际金融安全治理中的金砖路径 [J]. 国际安全研究, 2015(6): 55-58.

本土化、建设补充。[1]

治理机构是金砖开发银行实现其目的和宗旨的运转中枢,在其对内治理与对外治理中发挥着重要的作用。通过与国际货币基金组织、世界银行等多边机构探讨了金砖开发银行在股权分配、机构设置、总部选址、设立目的等问题上的创新性。[2] 但忽略了金砖开发银行对于传统多边开发机构治理结构经验借鉴。伴随着金砖开发银行的正式运营以及相关银行内部文件的公开,为这一问题的研究提供了更多的素材。

金砖开发银行的运行问题同样值得关注。作为国际金融机构,其既需要将自身定位于进行开发援助,同样也需要注重自身的国际性,处理好与总部所在地国家、成员国以及贷款国、第三国的关系。鉴于金砖开发银行成立时间不长,国内相关的研究依旧较少,《国际组织运作规则比较分析及对金砖开发银行运作的启示》一文通过对于已有多边开发机构运行经验的梳理,指出国际金融组织面临贷款对象转向私人且分配不均、资本充足率低、流动性指标设置偏低等问题,并为金砖开发银行的运营管理提出效率与公平的平衡、货币的选择、风险应对三条路径。[3] 这一文章是国内学界少有的研究金砖开发银行运营管理的文章,具有很强的开拓性,但是文章本身在分析其面临风险时,还需要结合其所处的政治、安全环境等进行综合分析,从而全面分析风险以采取综合应对措施。《"金砖开发银行"司法豁免权与第三方权益保障》一文研究探讨了金砖开发银行在进行开展业务的过程中如何更为有利地获得第三方的司法豁免。[4] 这对于提升投资运营项目的安全系数,丰富运营的理论成果具有现实意义。这一文章具有极强的前瞻性,也具有很强的借鉴意义。但是,仅仅从司法豁免权的角度去探讨金砖开发银行的运行管理,无论是视野还是格局显得相对较小。朱杰进研究了世界银行反腐败政策的发展

[1] 朱杰进.金砖开发银行的战略定位与机制设计[J].社会科学,2015(6):29.

[2] 蔺捷,许丽丽.金砖国家开发银行的法律问题探讨[J].亚太经济,2015(1):18.

[3] 任再萍.国际组织运作规则比较分析及对金砖开发银行运作的启示[J].上海金融,2015(12):55-60.

[4] 郭华春."金砖开发银行"司法豁免权与第三方权益保障.[J].上海财经大学学报,2015(1):98.

历程，并讨论分析了金砖开发银行反腐败体系的构建问题。[1]

通过梳理国内的文献综述，不难发现国内关于金砖开发银行的研究具有高度宏观性、概括性的特点。除去大量的宏观性研究外，国内的学者以及少量硕士论文开始聚焦金砖开发银行的微观制度研究。尽管其资本规模相对较小，但是作为金砖五国合作建立的多边开发机构，其在国际多边开发活动之中的竞争力依然值得期待。国内的少量微观研究或者单纯聚焦于制度建设的前瞻，或者仅仅考量机制建设的原则，仍然不够全面。伴随着金砖开发银行首批贷款的发放以及绿色债券的发行，将会有更多制度性的内容值得在其实践过程中挖掘。

（二）国外研究现状

金砖开发银行是新兴国家对于战后建立的布雷顿森林体系难以正确反映当前国际力量对比变化、现有国际金融体制改革缓慢乏力的有力回应。自金砖五国峰会通过建立专门的开发银行决定开始，国外的学者、智库、官方机构便纷纷对其展开研究。以俄罗斯国立高等经济大学的金砖研究、多伦多金砖信息中心以及里约热内卢金砖政策中心的研究最富有代表性。专门以"金砖五国"命名的期刊 *BRICS Law Journal* 和 *International Organization Research Journal* 是研究金砖合作、金砖开发银行领域的专门刊物，其研究成果极富价值。国外对于金砖开发银行的研究较多地关注其对全球金融治理的影响，其建立与运营本身对于新兴国家的意义以及美国霸权的影响。此外，国外学者还对金砖开发银行的运行前景、可能在建立与未来发展中面临的问题进行了研究。

1. 金砖开发银行与全球金融治理

金砖开发银行是新兴国家参与全球金融治理的重要机制，为破除以往单纯依靠发达国家主导的国际开发援助机制的现象，创造了条件。[2] 在金砖五

---

[1] 朱杰进，向晨 . 世界银行的反腐败标准及其对金砖开发银行制度建设的启示 [J]. 国际观察，2017（4）：42-58.

[2] Andrew F.Cooper. The G20 and Contested Global Governance: BRICS, Middle Powers and Small States[J].*Caribbean Journal of International Relations & Diplomacy*,2014(3):87-109.

国以整体的姿态参与到 G20 峰会之中和国际货币基金组织、世界银行的改革之后，其又以合作的形式建立多边开发机构，进一步加深对于全球金融治理的参与。金砖开发银行的建立将有助于打破美国主导的世界经济秩序，加速推进世界政治经济秩序的发展。[1] 同时，这一银行的建立也可以视为发展中国家为全球金融治理提供的最新的公共产品，能在改革全球金融机构治理、为国际发展援助提供更多资源、创建新的金融安全网方面发挥作用。此外，基于 Sonia E. Rolland 的研究，伴随新兴经济体的崛起，美国与欧洲越发意识到其已没有足够的政治与经济力量来制定游戏规则，金砖开发银行可以作为金砖五国依托的重要机制对国际经济法律规则的发展产生影响，成为其参与全球和区域经济事务战略的组成部分。但是，Rolland 并不认为以金砖开发银行为代表的金砖五国将会取代布雷顿森林体系，由于路径依赖与制度惯性的影响，美国、欧洲等发达国家需要与新兴国家共同构建国际经济治理发展的未来蓝图。[2] 基于金砖开发银行的初始资金规模，国外研究肯定了其在提供更多融资选择、相对灵活的审批流程与标准方面的正面作用，同时也指出其资金规模的有限性难以满足发展中国家实际的需求。

2. 金砖开发银行与其他多边开发机构之间的关系

金砖开发银行在其成立协议中将自身定位为现行国际多边开发机构的重要补充。国外学者往往从地缘政治的视角认为其是中国对抗或者推翻西方秩序、颠覆全球金融治理体制的工具。[3] 也有学者从金砖开发银行的股权架构、管理层设置以及中国立场等多个角度阐述中国无意获得对于银行的控制权，也无意同西方秩序进行对抗。由于金砖开发银行的成员国均没有运行多边开发机构的经验，鉴于多边开发机构运转的复杂性，金砖五国的能力备受质疑。亚洲开发银行行长 Takehiko Nakao 在谈到金砖开发银行时指出运营银行业务

[1] Marina Larionowa. Supply-Demand Model for Developing a Presidency Proposals for Reform Agenda and Priorities in Informal International Institutions[J]. *International Organization Research Journal*,2012(4):7-17.

[2] Sonia E. Rolland. The BRICS´Contributions to the Architecture and Norms of International Economic Law[J]. *American Society of International Law*,2013(2):164-170.

[3] Abdenur A E. China and the BRICS Development Bank: Legitimacy and Multilateralism in South–South Cooperation[J]. *IDS Bulletin*,2014(4):85–101.

并非易事，需要寻找项目，发放贷款，监督贷款使用并确保贷款的偿还。这也凸显了其他多边开发机构，尤其是区域多边开发机构对于金砖开发银行能力的不信任。

3. 金砖五国之间的关系及金砖峰会对于金砖开发银行的影响

国外学者在评价金砖开发银行时往往将其成员国与银行本身结合起来进行评价，既有负面的评价，也有积极正面的评价。在得出金砖开发银行设立或者运营前景不够明朗、面临较大阻碍的研究时，往往结合大量有关金砖五国在地缘政治、贸易投资领域摩擦的相关证据，以及在银行设立过程中，中国与印度围绕总部所在地展开的争夺、巴西与其他成员国对于发展援助方式等问题上的分歧来进行佐证。也有学者认为金砖峰会作为非正式的机制为金砖各国依托金砖开发银行同其他国家展开国际交往，发生利益交叉，实现自身利益创造了条件。但是，金砖开发银行作为正式的国际机制，需要聚合成员国的利益，以成员国的合作和协调为运作基础。成员国个体的自利性可能与金砖开发银行的集体共同利益发生冲突，从而增加金砖开发银行的制度风险。[1]Lucia Scaffardi 认为金砖峰会为金砖五国提供了协调自身经济与外交政策，提升其在全球经济与金融治理中作用的平台。同时，也为世界经济的稳定作出了贡献。"金砖现象"（BRICS Phenomenon）作为自成一体的法律体系不是基于宪政认同或者共同的法律传统，而是在法律交流、政策交换、法律移植的支撑之下确立的。这种特定模式的转换可以对整个法律体系产生影响，进而巩固成员国不同法律体系相互沟通的基础。[2]

4. 金砖开发银行制度建设问题

学术界对于金砖开发银行具体制度建设的文章相对较少，其主体资格、治理结构、贷款制度、风险管理等问题尚处于空白阶段。以 New Development Bank 为关键词在 Heinonline、Westlaw、Lexis 等数据库进行检索，均

[1] A.F. Cooper, A.B. Farooq. Testing the Club Dynamics of the BRICS: The New Development Bank from Conception to Establishment[J]. *International Organization Research Journal*,2015 (2):30-34.

[2] Lucia Scaffardi. BRICS: A Multi-center Legal Network[J]. *Beijing Law Review*, 2014(5):140 -148.

未发现与具体制度建设直接相关的文章。现有的中文译文中有较为简短的关于具体制度建设的构想。特拉维斯·塞尔米尔（Travis Selmier）认为金砖开发银行的设立与运营需要银行业的敏锐头脑、需要将私人部门的激励机制融入政府机构中的能力、需要在经济发展和政治意识之间达到良好平衡，同时需要相当的外交手腕。另有学者对于金砖开发银行的新发展理论提出了疑虑。只有金砖国家探索出可以替代华盛顿共识的发展理论，其新开发银行才能称之为"新"。

通过梳理国外研究发现，国外对于金砖开发银行存在"吹捧"与"唱衰"两种论调，同时，也有学者从国际政治的角度将这一银行看作新兴国家对抗或者挑战当前国际金融秩序的有力武器。与国内研究稍显不同的是，国外学者敏锐地察觉到了金砖峰会与金砖国家开发银行的内在联系，将不稳定的金砖峰会机制视为增加金砖开发银行制度成本的潜在要素。这是作者在接下来的研究与写作过程中需要关注，并引起重视的问题。另外，金砖开发银行与现存多边开发机构之间的关系也是国外学者热议的话题。与国内学者普遍强调的补足作用不同，学者的观点分为"挑战论""竞争论"两种观点，对于金砖开发银行设立的目的与意义仍然存有疑虑，这也是作者后续写作中需要解决的问题。

四、研究思路、创新点、研究方法和结构安排

（一）研究思路

本文以金砖开发银行作为研究对象，目的在于研究其作为国际法主体与全球金融治理体系变革的关系。本文意欲通过对于全球金融治理体系及其存在问题的研究，建构研究基础，再通过对于金砖开发银行治理结构、贷款制度的研究实现制度具象化，最后总结探讨金砖开发银行在推进全球金融治理体系变革中的作用、限制性因素，描绘金砖开发银行的未来发展图景。

（二）创新点

本文的创新包括理论创新和方法创新两方面内容：

理论创新方面，本文通过研究既有解释国际组织建设的理论，分析指出这些理论对解释金砖开发银行建设的不足，并从以"规则"为基础的国际秩序和以"国际法"为基础的国际秩序之争着手，运用国际法治理论，阐释金砖开发银行的建设问题。

方法创新，本义为解决金砖开发银行与全球金融治理体系的关系问题，运用国际法、国际关系、经济学等多学科方法进行理论解释，同时采用案例分析方法进行实证分析，以期阐明金砖开发银行的创新问题。

（三）研究方法

本文为实现科学研究之目的，采用的研究方法包括以下内容：

第一，规范分析法。本文在研究中严格遵循找法—释法—用法的法学研究方法，围绕与金砖开发银行有关的法律文件，展开分析论证。

第二，比较分析法。本文在研究中围绕金砖开发银行与世界银行等传统多边开发机构的治理结构、贷款制度展开对比分析，总结其制度特色，探寻制度不足，提出完善建议，指明未来发展方向。

第三，历史分析法。在研究金砖开发银行设立、国际金融法律秩序演变等问题时，本文通过对于过去史实的梳理，考察国际金融法律制度的发展演变，揭示法律制度背后的原理。

第四，案例分析法。运用金砖开发银行和世界银行支持项目贷款的实际案例，进一步说明二者贷款制度的内容、特征和差异。

第五，跨学科分析法。金砖开发银行的设立既是个法律问题，也是个政治问题。主权国家设立国际组织是行使主权的一种形式，探究国际组织设立的根源，需要从国际关系、国际法、经济学等多个视角展开，从而更为全面地揭示金砖开发银行设立的根源。

（四）结构安排

除去导论与结论以外，本文分为三部分。

第一部分探讨全球金融治理体系的演进及面临的问题。主要研究全球金融治理的体系化，分析全球金融治理体系的发展及有限改革，阐明新冠疫情背景下全球金融治理体系面临的问题。

第二部分探讨金砖开发银行的建设。分析金砖开发银行建设的理论基础，研究金砖开发银行的治理结构和贷款制度建设及创新问题。

第三部分探讨金砖开发银行与全球金融治理体系变革。论证金砖开发银行在其中发挥的作用以及限制性因素，描绘金砖开发银行的未来图景。

第一章　全球金融治理的体系化及其面临的问题

"法律必须是稳定的，但是不可一成不变。"法律的稳定性与确定性本身并不足以提供一个行之有效、富有生命力的法律制度。法律需要考虑过去与现在的法律现实，同时注重未来的迫切要求。全球金融治理体系同样跳脱不开这一逻辑。在国际经济力量对比发生变化的时代背景下，国际金融法律制度需要适应变化，作出改变。同时，法律制度的很多变化都是缓慢而渐进发生的，其不是推翻原有制度，重新洗牌，而是针对法律制度的一些不足之处作出改变。

第一节　国际社会组织化与全球金融治理的体系化

在世界多极化、经济全球化的时代背景下，权力分解、扩散成为常态，定规则、建机制成为国际社会的普遍共识。国际组织数量的增加和职能的扩大使最初处于无政府状态的国际社会向着纵向管理型的国际社会转变。在全球金融治理中提升制度性权力话语权的争夺日趋激烈。尽管在当今时代出现逆全球化、多边主义危机的问题，但这些问题仍然聚焦于国家在国际组织内，或者依托国际组织同其他国际组织展开竞争，并未改变国际社会组织化的趋势。

一、全球金融治理中的国际组织

全球金融治理是参与全球金融治理行为主体及其之间关系的组织结构以及相关原则、规范和决策程序。[1] 全球金融治理产生之初需要解决的议题主要来自国家，正是国家的需求推动了治理的发展。金融全球化的演进为更好地推动国家之间的合作，设立国际组织成为各国参与全球金融治理的重要方式。以国际货币基金组织、世界银行等为代表的国际金融机构被建立起来，以应对二战后的金融稳定、发展合作问题。伴随着金融全球化的深入，国际金融监管组织开始出现，并在 2008 年金融危机后呈现出强化的趋势。而以 G20 为代表的全球经济治理机制则成为统领全球金融治理中国际组织的关键机制。可以说，国际组织成为全球金融治理中的重要主体，当前国家之间的利益争夺已从传统的实力竞争转向国际组织内的话语权之争。这一态势说明

---

[1] 廖凡. 全球金融治理的合法性困局及其应对 [J]. 法学研究，2020(5)：35-38.

全球金融治理中国际组织化的趋向不断加强，这种组织化趋势使国际组织成为重要的制度性权力。

同时，各国在维护国家利益、追求本国独立与权力自我限制、开展多边合作之间反复摇摆。国家所表现出来的矛盾心态可从著名哲学家康德对"人的二重性"的论述中得到解释。在康德看来，人既具有非社会性或个性，又具有社会性或共性。在心理层面上，他既渴望参与社会生活，又渴望保持自己的独立性；在处事上他既要考虑对自己是否有利，又不得不考虑会不会被别人接受；既必须与别人合作，又不希望别人干涉自己的自由。[1]康德的解释适用于由独立个人组成的国家。对于主权国家而言，同样存在二重性的心理。一方面，国家有保持自身独立性的需求，基于理性判断界定实现自身国家利益的行为；另一方面，国家又有合作解决面临共同问题和共同挑战的需求。国家之间的权力争夺转向国际组织内部，即对国际组织理念引领、制度设计、制度运行等方面权力的争夺。[2]国家对于国际社会和国际规则无所不在的控制受到侵蚀，国际组织成为多个国家为实现共同利益而建立的"代理人"。这种转向实际上也可以解释金砖国家希望改革国际金融机构，提升全球金融治理中话语权的呼声。然而现有国际组织尤其是国际金融机构的建设，在很大程度上受到美国的影响和控制，这对于发展中国家来说，试图通过推进既有组织改革是极为困难的。美国国会迟迟不批准2010年作出的国际货币基金组织份额改革的提案便是典型例证。

发展中国家往往会选择建立新的国际组织或者多边机制，以此来倒逼现有制度进行改革。[3]这种创建新机构的过程融入国际社会组织化进程之中。或者说，正是由于国际组织的地位和作用日益重要，这些新兴国家才会在实现国家利益，选择相应的手段时，选择创建新的国际机构这一方式。究其原因，

[1] ［德］康德. 历史理性批判文集 [M]. 何兆武，译. 北京：商务印书馆，1996: 15.
[2] Eric Helleiner. The life and Times of Embedded Liberalism: Legacies and Innovations since Bretton Woods[J]. *Review of International Political Economy*, 2019(6):1112-1135.
[3] Morena Skalamera Groce, Seçkin Köstem. The Dual Transformation in Development Finance: Western Multilateral Development Banks and China in Post-Soviet Energy[J]. *Review of International Political Economy*.2021(11):1-25.

国际组织不仅提供了调整和协调国家行为的准则方式，还在丰富和发展国际法，促进国际法理念、原则和规则创新方面发挥作用。同时，需要指出的是，当前出现的逆全球化、多边主义危机等问题，并不意味着国际社会组织化的趋势终结。这实际上反映着国家在自身利益与合作利益之间的抉择。出于战略竞争和实现利益最大化的目的，国家通过对国际组织的改造或者重建来实现这一目的。因此，所谓多边主义并不意味着国际社会组织化趋势的减缓，反而进一步反映了国际社会组织化对国家行为的影响。

二、国际组织社会化加速全球金融治理的体系化

国际组织数量的增加与职能的扩大，使地球上彼此影响的各种国际组织，已经形成一个巨大的国际组织网，出现了国际社会组织化的趋势。国际组织作为调整国家行为、实现共同利益的载体，被各国所重视。根据全球治理委员会发布的名为《我们的全球伙伴关系》报告，全球治理具体涉及治理主体、治理客体、治理规则、治理途径等内容。全球治理已经不再是民族国家作为唯一主体参与，而是国家与国际组织、非政府组织、跨国公司、民间社会团体为实现社会目标而进行的公共协调合作。这种治理方式形成了治理空间的网络化。

全球治理的范式已悄然发生变化。[1]国内事务和国际事务的界限已经不再分明。贸易、投资、货币、金融监管等经济领域的事项开始越发具备国际性，民族国家在防范金融危机时所存在的能力不足问题显露无遗。气候变化、核武器扩散、可持续发展等国际性问题开始渗透到国内事务之中，二者的界限进一步模糊。治理目标从维护国际社会的和平与安全向着追求和和平发展、互利共赢的方向发展。治理主体从国家且由发达国家主导向着多元主体、发达国家与发展中国家协调合作的方向迈进。治理方式从国家之间通过谈判协商制定国际规则向着依托国际机制、软法与硬法相结合的方式迈进。非正式网络削弱了国家垄断权力的能力，美国即使作为世界上最大的国家，也不能

---

[1] 薛澜. 迈向公共管理范式的全球治理——基于问题—主体—机制的框架分析 [J]. 中国社会科学，2015(11)：78-88.

单独实现其目标。[1]

相比以前，世界经济变得越来越不稳定、不平等以及缺少治理。为了解决这些问题，世界贸易组织、国际货币基金组织和世界银行应该分别在贸易、货币和发展援助领域发挥更大的作用。在全球经济治理领域，国际经济金融组织、国际非政府组织和非官方论坛在改善经济领域扮演着重要的角色。在政府能力有限的金融监管、开发援助等领域，国际组织如世界银行、巴塞尔委员会、金融稳定理事会开始通过业务活动的开展、监管规则和标准的制定，填补政府治理的缺陷之处，并通过与主权国家国内法的对接、转化，形成富有约束力的行为准则和规范。全球金融治理是为了弥补市场失灵，最终促成集体行动，为全球提供一种"全球公共产品"。由于公共产品和非竞争性，每个国家出于理性选择的考虑都希望搭上其他国家的便车，创造一个"全球经济治理的公共产品"，并从中受益，成为主权国家愿意限制其主权，实施协调合作行动的动力来源。亦有学者将国际秩序比作没有国家参与的自我宪政化的过程，国际机制以其自治、自我限制的角色形成自身的宪政规范回应紧迫的社会问题。[2]

职能性原则是国际组织实现设立宗旨和目的，开展对外交往的基础。世界银行、国际货币基金组织的职能由其宪章性文件的规定确定下来，作为其实施组织行为的基本依据。作为国家的派生物，国际组织及其制定的规范在很长一段时间均被认为是仅具有内部效力的规范，并不能独立产生意义。毕竟依据《国际法院规约》第38条的规定，国际组织决议并未被列入国际法的渊源。然而伴随着全球治理的兴起，国际组织帮助促进了被认为适用于进行国际规制的主题的范围，并且激发产生了制定国际标准的新方法。[3] 有学者认为二战以来国际法产生的多数变化是在国际组织框架内发生的，国际组

---

[1]　Joseph S. Nye, Will the Liberal Order Survive: The History of Idea[J].*Foreign Affairs*,2017 (1):10-16.

[2]　Gunther Teubner.*Constitutional Fragements:Societal Constutionalism and Globalization*[M]. Oxford University Press,2012:26-36。

[3]　Keneth W.Abbot:Modern International Relations Theory:A Prospectus for International Lawyers[J].*Yale Journal of International Law*,1989(14):332-335.

织的造法对国际事务的规制，对国家行为、非国家行为体的调整作用逐步显现。

也正是在这种意义上，国际组织全球行政空间的规范得以通过对宪章性的解释而产生。这些规范具体表现为世界银行、国际货币基金组织颁布的发展报告、业务政策文件、操作指南、融资工具等。这些规范是在国际组织制度结构缝隙中产生的，而不是规制贷款政策的章程明确认可的产物。这些文件并不具有产生规范性后果的意图，其作用在于帮助银行管理层和工作人员用于决定审批贷款项目或者指导某些工程的实施。考察这些规范的制定程序，不难发现其并未通过普遍的代议制正当性的政治机构通过，[1] 而是由董事会基于对自身职责和业务的理解而通过的，同时制定过程中存在公开征询意见的过程，这一制定程序同国内行政机构创造行政法所适用的程序是极为相似的。

根据规范规制的主体，世界银行、国际货币基金组织的规范可分为以下三类：首先，规制国家的规范。将自身追求的发展理念，如环境保护、善治、可持续发展等目标通过环境和社会框架、推进国内社会和司法改革的承诺予以具体化，环境和社会框架被纳入与借款国订立的贷款协议中，使之成具有约束力的条约，借款国负有善意履行的义务。同时，世界银行对借款国享有停止发展贷款的权力，这种权力增强了借款国履行贷款协议的强制性。[2] 其次，规制机构和公司实体的规范。明确了承包商管理制度，要求其符合环境社会标准，创造健康安全的劳工条件，同时制定执行反腐败标准，一旦违反相关标准，将会被纳入黑名单。此外，在世界银行为金融中介机构提供融资的情况下，金融中介机构需确保项目融资不对环境、社区健康、生物多样性或文化遗产有重大影响和风险。最后，规制个体的规范。不同于传统以国家

---

[1]   Jacob Katz Cogan.Representation and Powering in International Organization: The Operational Constitutional and Its Critics[J].*American Journal of International Law,* 2009(103):210-216.

[2]   Christopher Pallas and Jonathan Wood. The World Bank's Use of Country Systems of Procurement: A Good Idea Gone Bad[J]. *Development Policy Review,*2009(2): 215 – 230.

为中心的国际法渊源，政策框架更加注重个体的权利保障。[1] 如项目设计阶段的公众参与和信息公开，允许受到项目影响的个体和主体提出申诉，保障原住民免受驱逐、剥夺以及基本人权不受侵犯，尊重其传统知识、既有社会结构、集体决策模式以及某种形式的习惯法。

三、全球金融治理体系化的结构与特征

全球金融治理体系化呈现出多元主体参与、大国主导、软法和硬法规范相结合的秩序状态。当前的世界经济体系是少数主要的资本主义国家决定的单一全球市场。资本主义国家统治的经济发展合作组织、国际货币基金组织、世界银行决定着世界市场的形式。自由资本主义和自由贸易的原则对大多数发展中国家并不适用，非殖民地化进程和与资本短缺相关的社会经济弊病严重制约了这些国家经济发展的能力。发达国家应对 2008 年全球金融危机能力的不足以及发展中国家的群体性崛起证明了在经济发展的问题上，西方发达资本主义国家的发展方案并不是唯一的。以金砖国家为代表的发展中国家存在相似的历史记忆以及发展背景，在解决经济发展中面临的问题时，更具有发言权。

在这个日益变小和相互联结的世界，全球性问题已经不可能在任何一个民族国家内得到解决。多边条约以及依据多边条约建立的国际组织在协调国家行为，使其具有一致性，构建以法律原则为基础的现代国际关系中发挥着重要的作用。[2] 国际组织呈现爆炸式数量的增长，国际组织的功能开始渗透到国家主权管辖范围的每一个角落，国际社会的高度组织化使得国家主权的保留范围相对缩小。非政府组织、民间团体、跨国公司在推动全球性议程的作用日益显著。这些非政府行为体不仅依托其专业的知识、人才储备以及财力支持，在国际事务和国际议题解决中发挥作用，而且其通过提出新的理念，游说各国政府，影响国家的政策，进而影响一国在国际事务中的行为。

[1]　Benedict Kingsbury.*Operational Policies of International Institutions as Part of the Law—Making Process:The World Bank and Indigenous People, in Goodwin Gill,ed, The Reality of International Law: Essays in Honour of Ian Brownlie*[M].Clarendon Press,1999:323-325.

[2]　Jonathan I.Charney.Universal International Law[J].*American Journal of International Law*.1993(4):529-551.

全球金融治理体系化中发达国家、发展中国家、国际组织、非政府组织等行为体均将成为国际金融法律秩序演进的一分子。当然，民族国家作为国际金融法律关系最重要主体的地位不会改变。各方将为自身所代表和追求的利益展开争夺与合作，进而推进全球金融法律理念的演进以及规则的发展。以《联合国宪章》为核心的国际法律秩序是国际金融法律秩序演进的保障，其将确保秩序演进的平稳性。以联合国、G20、经济发展组织、国际货币基金组织、世界银行、金砖国家开发银行为代表的国际合作机制，将成为各方展开角力的焦点。掌握规则的制定权、解释权，提升自身在国际组织内部的话语权，将成为各国争夺交锋的重点。

全球金融治理体系化的特征表现为三点内容。第一，危机驱动。金融全球化的深入发展使得各国的相互依赖日益加深。各国深刻认识到需通过彼此间的紧密合作才能解决全球和区域性金融问题。1991 年亚洲金融危机催生了金融稳定论坛的诞生，以加强金融监管。2008 年金融危机对全球经济和国际格局产生了重大影响。2009 年，全球经济增长率为负 0.6%，主要发达国家的经济增长率平均为负 3.2%。反观以中国为代表的发展中国家实现了平均 3% 的增长，中国更是维持了 9.1% 的高增长水平。美国及其盟友的相对衰落，新兴经济体和发展中国家的群体性崛起改变了世界的政治和经济格局，权力对比"东升西降"成为经济发展大势。在此形势下，长期以来在全球金融治理格局中处于弱势一方的发展中国家，拥有了更多的实力和能力去要求改变不公正、不合理的国际经济规则体系。

第二，大国意志。以美国为首的西方国家控制"理念输出"与规则制定权。从份额分配的历史看，布雷顿森林体系所形成的份额分配规则直接影响着国家在世界银行和国际货币基金组织中的投票权和决策层席位。而份额分配的统计指标涉及成员国认缴股金的能力、成员国对国际货币基金组织资金的需求和以进出口额、对外投资、国民生产总值为基本要素的成员国经济地位。这一份额分配的方法反映了当时经济领域的等级制度，[1] 体现了战后大

---

[1] Howard Davies & David Green.*Global Financial Regulation: The Essential Guide*[M].Polity Press, 2008:51.

国通过规则制度设定，影响和控制国际经济关系的偏好。此外，世界银行和国际货币基金组织采取特别多数表决的形式通过重大事项。1989 年，世界银行通过了美国提议的修改议案，将修改《世界银行协定》所需的特别多数票由 80% 提升到 85%。考虑到美国在世界银行中的投票权一直超过 15%，这一修改无疑从制度规则层面保证了美国的否决权。世界银行的行长由美国人担任、国际货币基金组织的总裁由西欧国家的人选担任已成为国际多边开发机构中的惯例。考虑到多边开发机构执行董事会惯常采用协商一致的方式作出决策，行长会对执行董事会作出决策产生重大影响，这也为美国影响国际金融机构决策创造了便利。

第三，软法与硬法相结合。金融硬法是指推动银行业及金融服务业跨境竞争的国家间协定，以 WTO 服务贸易总协定、《国际货币基金组织协定》《国际复兴开发银行协定》为代表。服务贸易总协定以国民待遇和市场准入原则为基础，为成员国在服务贸易所有相关领域磋商具体开放承诺提供了一系列灵活的规定。这一体制存在的目的即是消除歧视性监管行为、减少金融服务跨境交易的壁垒，为消费者和投资者提供高水平的金融产品。《国际货币基金组织协定》的宗旨在于促进汇价的稳定，维持会员国间有秩序的外汇安排，并避免竞争性的外汇贬值，以基金的资金暂时供给会员国，使其有信心利用此机会调整国际收支的不平衡，而不致采取有害于本国或国际繁荣的措施。《国际货币基金组织协定》在第四条第一节中还赋予了成员国义务，即各会员国保证同基金和其他会员国进行合作，以保证有秩序的外汇安排，并促进一个稳定的汇率制度。此外，国际金融惯例在规范国际金融活动中的作用不容忽视，其调整领域涉及国际商业贷款、国际支付结算、国际证券融资、国际融资担保，表现为国际商会制定的《跟单信用证统一规则》《托收统一规则》《合同担保统一规则》等。[1] 国际金融法正在从以协调困境、遵守鸿沟、未经许可的监管者依赖为特征的默认无政府状态（acquiesced anarchy）向着统一性和协调性的框架演变。[2] 但是，国际金融法律秩序仍处于初级的状态。

---

[1] 李仁真 . 论国际金融法的概念和体系 [M]. 中国法学 ,1999(1):140.

[2] Carlo de Stefano. Reforming the Governance of International Financial Law in the Era of Post-Globalization[J]. *Journal of International Economic Law*,2017(3):509-533.

金融软法在国际金融法律秩序中发挥的作用同样不可忽视。所谓软法是指原则上没有法律约束力但可能具有实际效力的行为规则。国际金融领域的软法大体可分为三类："一是政府间国际组织发布的关于金融活动的宣言、决议；二是国际行业组织颁布的行业标准规则；三是国际监管机构制定的监管规则等"。[1] 通过前述的分类，我们可以发现，软法尽管不具有拘束力，但是其是通过特定程序和表决方式所形成的能够产生实际效果的文件，在形式上多由一般原则和"最佳实践"组成。[2] 而国际组织则成为推动软法形成确立的重要机构，国际货币基金组织、世界银行、巴塞尔委员会、金融稳定理事会、国际证监会组织等国际金融机构成为制定软法的重要主体。

国际金融软法呈现出硬化的趋势，20 国集团峰会、FSB 和 IMF 各自独立协调的实施机制，对于未能遵守的国家，通过列入"黑名单"、剥夺成员国资格、减少贷款援助、禁止金融机构准入的形式予以制裁，进而形成制度化的实施机制和制裁方式。巴塞尔委员会制定的金融机构监管标准被越来越多的国家和地区以自觉的方式纳入本国国内的立法体系，从而被赋予事实上的法律约束力。

[1] Chris Brummer.Why Soft Law Dominates International Finance and Not Trade[J].*Journal of International Economic Law*.2010(10):630.

[2] 徐崇利 . 跨政府组织网络与国际经济软法 [J] 环球法律评论 ,2006(4):66.

第二节 全球金融治理体系的发展及有限改革

全球金融治理体系的发展源于发达国家和发展中国家对国际经济金融组织制度性话语权的争夺，体现为发展中国家为建立更加公正合理国际金融秩序的努力。为了有效应对危机，增强国际组织的合法性，发达国家也积极推动了国际经济金融组织的改革，只是这些改革并未改变内在失衡的情况，没有实质性改变发展中国家的弱势地位。

一、全球金融治理体系的演进

当前的全球金融治理体系一般被视为由美国主导，美国也往往被视为该体系的主导国。其他国家尤其是发展中国家对建立更加公正合理的国际金融法律秩序的诉求极为迫切。从二战以来全球金融治理体系演进史的角度看，七十七国集团、东亚区域合作、金砖国家都在为推动全球金融治理体系变革做出努力，从而推动全球金融治理体系演进。这些努力和尝试大体可分为四个阶段。

第一阶段是在筹建国际货币基金组织和国际复兴开发银行期间，发展中国家便开始试图发出自己的声音，强调前述两个机构要承担国际开发职能（International Development），支持欠发达国家的经济恢复与发展。中国与菲律宾作为东亚地区的代表国参与了筹备过程。中国代表（国民政府）为恢复日本侵华后的战后经济，提议将稳定的汇率与国际开发结合起来，以有利于国家吸引外资，同时，中国代表还指出所有的战后外来投资都应被涤清帝国主义动机，外国借贷不应继续作为对中国实施政治、经济剥削的工具。[1]
拉美国家为谋求本国基础设施建设发展，推进工业化进程，着力推动国际复兴开发银行确立开发贷款职能。以墨西哥政府为代表的拉美国家共同联合，在《国际复兴开发银行协定》中加入关于"鼓励欠发达国家生产设施与资源开发"的内容。中国以及拉美国家的尝试，对于国际金融法律秩序适当顾及发展中国家的利益具有积极作用，但是这些努力依然不能改变美国主导→其他国家建议→美国决定批准该建议与否的秩序运营实质。

第二阶段是七十七国集团推动建立国际金融新秩序的努力。其在 20 世纪 60 年代开始谋求在联合国体系的范围内建立新的国际经济秩序。1964 年，第一次联合国贸易与发展会议可以说是南北双方关于经济关系辩论的开端。这次会议本身就表明了一个事实：第三世界国家不接受以布雷顿森林系统为中心的现行国际制度。1974 年，第六届联合国大会通过《建立新的国际经济秩序宣言》，对一切国家都享有平等地参加解决世界经济、金融、货币问题不可剥夺的权利作出了明确规定。自此，七十七国集团将建立公平正义的世界经济秩序（近年来七十七国宣言的用语转变为国际经济关系的公正与正义而奋斗 [2]）为目标，为打破美国主导的国际金融法律秩序，为发展中国家谋求经济、政治利益创造了条件。

第三阶段是冷战结束后的两次金融危机催生了东亚货币合作进程。东亚经济地区主义开始谋求在本地区内形成货币合作，以克服流动性短缺的难题，防范金融风险。这也成为区域国家建立区域金融安全网的重要尝试。2000 年，东盟 10+3 财长会议达成"清迈倡议"，奠定了地区货币合作的基础，2007 年，东盟 10+3 财长会议达成了"清迈倡议多边化协议"。东盟 10+3 达成共识的原则框架涵盖了融资条款、双边互换合约协调、与 IMF 融资及政策条件的关系，推进检测资本流动、监测区域经济、建立双边货币互换网络和人员培训等四方面的合作。这反映了东亚地区国家尝试通过建立基于规则和制度化

---

[1] Eric Helleiner.*Forgotten Foundations of Bretton Woods International Development*[M]. Cornell University Press, 2014:160.

[2] 张乃根 . 试论国际经济法律秩序的演变与中国的应对 [J]. 中国法学 ,2013(2):185.

的治理方式来应对全球金融不稳定，使得国际货币基金组织的亚洲版初具雏形。

第四阶段是金砖国家的崛起与金砖合作的开启。金砖国家作为一个整体推动国际金融法律秩序变革得益于金砖合作的建立和持续推进。2006 年，金砖四国（中国、俄罗斯、印度、巴西）外交部部长在纽约召开非正式会议，会上讨论了对国际货币基金组织和世界银行权力分配问题以及新兴大国的国际地位问题，尽管这次会晤没有达成具体的协议，却被视为金砖合作的开端。2009 年，金砖国家领导人首次会晤在叶卡捷琳堡举行。此次领导人会晤提出了三点核心内容：首先，在全球范围内建立有关经济、外交和安全议题等国际议程的更公正的决策过程；其次，推进对国际金融机构的改革；最后，降低对美元的依赖，实现储备货币多元化。这三点内容反映了在金砖合作建立之初，即将建立更加公正合理的国际金融秩序作为重要使命。伴随着 2010 年金砖国家完成首次扩员，南非的加入为增强金砖国家代表性，提升金砖国家在非洲地区的影响力发挥着重要作用。此后的历次领导人会晤中，金砖国家均将国际金融机构改革作为重要议题进行讨论，并通过集体协作的形式对 G20 决策施加影响，这无疑在美国的同盟体系之外形成了一股新的牵制力量，为实现和维护发展中国家利益发出声音。金砖国家对当前国际秩序缺乏代表性和公正性，没有反映发展中国家的声音存在共识，这种共识决定了其共同的行动目标，并建构了自我身份，而话语互动实践为金砖国家建构和稳固本国的身份利益奠定了基础，这种身份利益又反过来作用于合作的推进与深化。[1]2009 年 G20 峰会发达国家作出了推进布雷顿森林机构改革，以使其更充分地反映世界经济格局的变化，增强其合法性和有效性的承诺。由于国际金融法律秩序欠缺中央决策和执行机制，发达国家作出的承诺仍然需要其自身予以执行。但在具体实施过程中，发达国家怠于履行其对国际金融机构改革作出的承诺。这使得金砖国家决定建立一个新的国际金融机构，以倒逼发达国家履行改革承诺。这直接促成了金砖开发银行的设立。

---

[1] 张乃根 . 试论国际经济法律秩序的演变与中国的应对 [J]. 中国法学 ,2013(2):185.

二、全球金融治理体系受到的质疑

目前全球金融治理体系中核心的国际组织仍然以发达国家主导为主。这一体系以世界银行和国际货币基金组织这两大姐妹机构为支柱，以自由主义价值观为内涵，以美国同盟体系为支撑，实则成为维系和巩固美国全球霸权的重要制度载体。[1] 在此背景下，相关的国际金融法律规则、制度设计和金融机构运行也反映着美国的战略偏好和利益诉求。这种现实使得以《联合国宪章》为核心的，以国际法为基础的国际秩序遭受挑战，具体表现为三方面内容。

第一，体系稳定性遭遇现实挑战。2008 年金融危机提醒我们，我们生活在一个充满风险与不确定的世界。相比于不确定性的非常规性，风险是可预测的、可控的。不确定性带来的是决策半径的扩大，意味着常规经济决策模式的颠覆、市场经济政策的过时。法律如果跟不上时代的需求或需要，而且死死抱住上个时代的只具有短暂意义的观念不放，那么显然是不可取的。法律需要在运动与静止、保守与创新、僵化与变化之间谋求某种和谐。国际经济法律制度中，国际经济力量对比的变化是推动国际金融法律规则发展、推进国际金融法律秩序演进的重要因素。美国及其盟友经济力量的相对衰落，发展中国家经济力量的增强是当前世界经济力量格局的重要表征。尽管美国经济依然保持了不断增长的态势，但其占 20 国集团成员经济总量的比重却下降了 19%。次贷危机发生后，出现了一部分发展中国家在资金方面救助发达国家的现象。根据 OECD 发布的预测报告，发展中地区所占的经济比例已从 2000 年的 18% 增加到 2009 年的 28%，到 2060 年，中国和印度的 GDP 将分别占到全球 GDP 的 27.8% 和 18.2%，中国、印度和其他发展中国家的 GDP 总和（57.7%）将超过发达国家。经济力量格局的变化反映了以美国为首的发达国家在应对全球挑战尤其是金融议题挑战中的能力不足。发展中国家经济力量的崛起为实现自身的国家利益、推动二战后形成的国际金融法律秩序变革创造了条件。

---

[1] 刘建飞.探索国际秩序转型的中国智慧与路径 [J].中国社会科学报，2022 年 3 月 17 日.

经济全球化的时代，国家经济主权受到限制，国际组织在促进国际经济合作、完善全球经济治理中的作用不断凸显。国家的经济独立权、经济立法权、经济管辖权均受到了来自国际组织的规制。以联合国、G20、世界银行、国际货币基金组织、金融稳定理事会、巴塞尔委员会在内的国际组织在促进多边条约缔结、生成国际软法、管控分歧、促进合作、争端解决等方面的作用不断强化。非政府组织通过深度参与政府、国际组织或者跨国公司决策、会议、项目执行、争端解决等活动，影响国际金融法律规范的发展。换言之，伴随着政府间国际组织、非政府组织在全球金融领域的作用凸显，国际社会的组织化程度进一步强化。国际社会迈向组织化催生国际共同体的发展，塑造了新的价值理念与原则规范，而这些变化是现行国际金融法律秩序所不能反映的。

第二，公平性偏离基准方向。公平正义是法律追求的基本价值。在一个健全的法律制度中，秩序与正义通常不会发生冲突。若法律制度不能满足正义的要求，那么从长远来看，它就无力为政治实体提供秩序与和平。现行国际金融法律秩序对于公平正义的违反主要表现在以下方面。一是代表性不足。代表性问题主要涉及三方面：采取何种方式和计算方法来确定国家的份额；每个国家实际分得代表权的大小；代表权的行使方式问题，包括作出表决的程序、作出表决的机构等。无论是国际货币基金组织还是世界银行，其投票权均分为国家间完全相同的基本投票权（份额）以及因出资比例不同而享有的加权投票权两个部分。美国利用制度创设时的先发优势，设定对其有利的表决方式，对重大决定事项设定最低标准，设置不合理的治理结构，牢牢掌控着前述两个机构的控制权和否决权，而发展中国家、新兴国家的制度性权利则没有得到充分的反映，制度的不合理性表现得极为明显。二是主导国将国际货币基金组织、世界银行作为推广其发展理论的工具。[1] 从贷款条件注重借款国的宏观经济政策到设定苛刻的结构调整条款，其核心的制度来源仍建立在华盛顿共识的基础上，倡导金融自由化和资本账户开放，不考虑借款

---

[1] 赵骏. 国际经济法的重要性释义 [J]. 清华法学,2018(11):51-62.

国自身的国情、经济政治体制的特殊性。三是发展中国家经济实力的壮大，使其成为全球重要的债权人，进而呈现出"穷国"为"富国"融资的格局。美国利用美元流动性创造的绝对权利，将其与美国经常项目挂钩，只要顺差国愿意持有美元，创造的美元流动性总可以以美元债务的形式流回美国，这成为构成全球失衡的重要来源。[1]同时，美元作为世界货币的地位，为美国转嫁危机创造了便利。美国国内政策的外部性后果往往是由持有美元外汇储备较多的国家来承受，这在无形中加剧了金融霸权的存在。四是规则的建构背离正义的基本要求。我们所需要的不只是一个具有确定的一般性的规则制度，我们还需要该规则中的制度是以正义为基础的。良好金融秩序目标的实现需要建立在体现公平正义规则的基础之上。当前国际货币基金组织与世界银行的决策机制、业务运营机制、监督机制均体现出明显的非正义性的特质。在前述两个金融机构中，决策过程不透明、缺乏外部监督、问责机制尚未完全建立、在制定业务政策或者贷款协议对于借款国实际情况不了解。这些规则存在的问题直接影响着决策机构的运营以及业务的开展，同时也违反了规则需建立在正义基础上的要求。同时，我们在考虑普遍正义的同时，还需要注重规则对于个别正义的维护。在国际金融法领域，不仅要强调发达国家与发展中国家的代表权和话语权，还需要充分保障最不发达国家的权利，注重其经济的脆弱性，增强其能力建设，体现规则的正当性。

第三，有效性亟待改善提升。国际货币基金组织和世界银行在筹建之时并未充分考虑发展中国家和欠发达国家的利益诉求，更多体现的是美英两国的意志。二战后的国际金融法律秩序是针对国际货币、国际发展、金融稳定所建立的法律制度。但是在危机预警、危机应对、发展合作等问题上，国际金融法律秩序并未给国际社会提供足够的有效性。发展中国家在次贷危机中展现出拉动全球经济增长和提供资金的能力，使其更有筹码推进国际金融机构的改革。在 G20 华盛顿峰会、伦敦峰会中，推进现行国际金融机构份额、投票权改革，提升布雷顿森林机构的正当性和有效性成为重要的内容。根据

---

[1] 高海红. 布雷顿森林遗产与国际金融体系重构 [J]. 世界经济与政治，2015(3)：4-29.

2017 年多伦多 G20 研究中心发布的评估，G20 成员在履行国际货币基金组织改革的承诺上表现良好，但在履行推进世界银行改革的承诺较为迟缓。对于有效性的质疑主要包括两方面的内容：一是国际货币基金组织和世界银行职能改革问题；二是贷款的有效性与合法性问题。《国际货币基金协定》赋予了国际货币基金组织处理金融危机的权能，承担危机防范、危机贷款、危机管理的角色。其通过提供贷款的形式，以设定的贷款条件要求借款国纠正错误的政策或进行改革与结构调整。但成员国拥有的随时要求提回配额的权利，使得国际货币基金组织必须要保持很高的流动性，这意味着贷款需要在短期内收回。但是，在一国遭遇清偿性危机中，短时间内清偿贷款是不现实的。同时，多次金融危机的爆发证明了国际货币基金组织在危机预警方面的能力缺陷，而其监督职能仅限于监督成员国汇率和货币政策，忽略了金融监管的重要性。同时其借贷政策应向着支持成员国稳健的财政政策和本国国内金融机构的国际业务发展。世界银行通过贷款的条件性设定，将贷款协议的履行与一国的国内政治改革相挂钩，贷款协议的正当性饱受诟病。忽视发展的有效性，也使得世界银行贷款政策不仅饱受发展中国家质疑，还受到来自发达国家的质疑。

三、全球金融治理体系的有限改革

随着国际经济力量对比变化以及全球经济联系的日趋紧密，二战后形成的布雷顿森林体系已经难以反映当前国际经济形势的需求。制度需要在运动与静止、保守与创新、僵化与变化之间谋求某种和谐。2005 年 10 月，G20 财长和央行行长会议发布了《关于布雷顿森林机构改革的联合声明》，首次明确提出对世界银行和国际货币基金组织治理结构改革的路线图。这份声明指出布雷顿森林机构成立以来，世界经济发生了巨大的变化。许多新兴市场发展迅速，工业化经济一体化进程加深，布雷顿森林机构的治理机构应反映出各国经济比重的变化。国际货币基金组织和世界银行应努力提高其机构效率，高层管理人员的任命应基于其能力，并保证所有成员的广泛代表性。

2008 年，世界银行着手开始两阶段的改革，以提高发展中国家和转型经济体在世界银行的参与能力，包括增加相关国家的投票权、股份、在执行董事会中的人数。一是增加转型国家的投票权。根据新的股权计算公式，将这些国家在国际复兴开发银行的投票权由 42.6% 提升到 47.2%；在国际开发协会的投票权从 40% 提升到 46%。二是对于国际复兴开发银行和国际开发协会的股份结构进行定期评估，以保证股份结构能够反映各自经济的占比以及对世界银行集团的贡献。三是在保持其他国家董事不变的情形下，增加 2 名来自撒哈拉以南非洲国家的董事。四是修改《国际复兴开发银行协定》。通过这一轮改革，新兴经济体的投票权获得提升。中国跃居世界银行第三大股东国。但从总体上看，最不发达国家投票权的提升是极为有限的。

当前全球金融治理体系改革仍然不彻底，因此应被视为有限的改革。一是未解决发展中国家代表性不足的问题。代表性问题主要涉及三方面：采取何种方式和计算方法来确定国家的份额；每个国家实际分得代表权的大小；代表权的行使方式问题，包括作出表决的程序、作出表决的机构等。[1] 世界银行的投票权为国家间完全相同的基本投票权（份额）以及因出资比例不同而享有的加权投票权两个部分。美国利用制度创设时的先发优势，设定对其有利的表决方式，对重大决定事项设定最低标准，设置不合理的治理结构，牢牢掌控着世界银行的控制权和否决权，而发展中国家、新兴经济体的制度性权利则没有得到充分的反映，制度的不合理性表现得极为明显。

二是世界银行行长和国际货币基金组织总裁的选任不规范。程序正义是衡量制度有效性的重要标尺。世界银行的选任程序和条件长期处于不透明的状态，暗箱操作嫌疑明显。美国长期把持世界银行行长职位，客观上影响了其他国家选任世界银行行长的权利。由于理事会时隔一年才能召开一次，董事会和行长控制银行日常事务的决策权，由于董事会决策和行长职位由发达国家把持，这也极大地影响了发展中国家和最不发达国家发表自身诉求的机会。

三是问责机制不够完善。一方面国际经济金融组织评估指标和报告的多

[1] 李仁真. 后危机时代的国际金融法 [M]，武汉：武汉大学出版社，2010：73-74.

重性很容易令问题含混而非清晰；另一方面则是因为即便责任清楚，但现行机制中并没有针对高层（主要是执行董事和高级管理人员）的问责处罚。当前世界银行治理结构的权责划分，使得执行董事会既担当执行角色又担当监督角色，角色的双重性使得监督实效大打折扣。世界银行前任行长沃尔福威茨的"女友门"事件，反映出世界银行对于高级管理人员的监督问责不足，进而导致违反银行管理规定行为的发生。此外，执行董事会成员身份的独立性饱受质疑。由于董事会成员具有双重角色——既是国家和选区的代表，又是世界银行的职员，而这种双重角色是时有冲突的，特别是执行董事往往会优先考虑其国家利益，进而影响到世界银行的业务开展。世界银行官僚机构臃肿，人员众多。这既提升了其自身的行政成本，也影响了自身的行政效率。

四是改革中的各国收益失衡。发达国家出于自身国家利益和维护既得利益的考量，不愿意放弃其制度性权利，进而导致世界银行治理结构改革的问题进展缓慢。发展中国家对于世界银行改革进展缓慢感到不满。金砖国家作为发展中国家的代表依托金砖国家合作机制，敦促世界银行加速改革进程。发达国家只愿意有限度支持，而且支持的重点还是那些已在全球经济治理中展现出自身实力与作用的新兴经济体（如中国、印度等）；发展中国家希望提高执行董事会的代表性，为此需要重新划分选区，并改革执行董事会的构成状况，但发达国家在这方面的改革动力不足。由于存在这些分歧，所以改革进展缓慢。可以想见，未来围绕投票权所进行的治理结构改革会被发展中国家更积极主动地推进。发展中国家内部的利益分歧同样引人关注。在投票权改革之后，中国、印度、巴西等国的投票权获得了明显的提升。而撒哈拉沙漠以南的非洲国家投票权却不升反降。这表明在推动世界银行治理机构改革的进程中，发展中国家最后获得的收益是不均衡的。最不发达国家的利益并未得到充分的尊重。为推进改革的深入开展，发展中国家需要强化合作，谋求共同利益，敦促发达国家履行承诺；同时通过 G20、金砖国家合作机制，发展中国家应积极为最不发达国家谋求应得利益，维护其利益。

第三节 新冠疫情冲击下全球金融治理体系
面临的问题

新冠疫情冲击了全球化进程，促使单边主义和保护主义趋势抬头。主要发达国家通过"小院高墙"的模式，对其他国家实施压制，使得全球金融治理的包容性遭受冲击。俄乌冲突后，发达国家动辄使用金融制裁大棒，加剧了全球经济的脆弱性。而核心大国的责任缺失、主要发达国家经济政策转变、全球治理体系的效能不足等问题也在新冠疫情的冲击下被进一步放大。

一、全球化受到冲击与全球金融治理的包容性不足

特朗普政府执政时期，就中美经贸关系问题奉行脱钩政策，并通过多种手段对中国实施经济压制。公平贸易取代自由贸易，双重标准和单边标准主义盛行，从而使全球经济陷入不稳定之中。这种逆全球化的行动使得美国寻求减少对中国的依赖，实施产业链去中国化的策略。拜登政府上台后，进一步提出重点防范战略竞争对手的战略。拜登政府的侧重点不再是防范重大突发危机对美国全球供应链的干扰，而是防范战略竞争对手可能利用美国的供应链短板进行施压。因此，美国在重塑供应链问题上不再以推动制造业岗位全部回流为目标，而是对战略竞争对手的产业链进行备份。

俄乌冲突爆发后，西方国家利用自身在货币和经济领域的支配地位，使用经济金融制裁等手段，对俄罗斯经济进行打击，将俄罗斯排除在SWIFT系统之外，无疑实施的全球金融治理的包容性大大削弱。从国际公共产品的供给角度看，金融治理机制应具有公共性和非排他性。贸然采取单边金融制

裁的做法有违公共性的特征，也增加了全球金融的脆弱性。此外，金融包容意在确保所有的家庭或者企业，无论其收入水平如何，均可获得并有效使用金融服务以改善其生活水平。法国社会学家涂尔干在《社会分工论》一书中根据社会分工程度的不同将社会连带关系划分为机械的连带关系和有机的连带关系。机械的连带关系源于人们基于相似性而相互合作的需要，越原始的社会构成它的个体越具有相似性。[1] 有机的连带关系根源于人类个体由于其具有不同的能力和秉性而必然要通过分工以互相满足需要。随着生产发展和社会进步，分工的连带关系将更加密切。社会连带思想拓展到国家间，国际机构和全球行政基于共同价值的权力将会增大，国际合作仍将基于国家间的妥协，但参与这种合作的国家承诺维护全球行政系统及各种决定，即使是这些体系与决定同其短期利益考虑相冲突时依旧如此。基于社会连带关系所形成的国际法的基础是组成不同集团的个人对其连带关系所有的自觉意识，这种意识是指规则一旦被违反就促使社会集团成员间互相联合的连带关系受到重大损害，认为对违反这些规则的人们必须组织一种国际社会制裁是正确的时候，便出现这种国际的法律规则。在应对危机的进程中，各个国家孤立的主权转变为连带性主权，通过相互合作采取行动。

根据世界银行发布的报告，2014 年，世界上仍有 20 亿人尚未拥有银行账户，公平理念在金融领域尚未得到实现。金融包容无疑有助于减少贫困以及不公平现象，帮助个人进行长远投资、规划消费行为、抵御金融风险。金融包容可以通过为个人、企业背书的形式提升其融资能力，为其改善生活水平和生活质量，进行教育、产业投资提供资金支持。借助金融机构的理念引领和政策引导，普惠金融对于实现可持续发展，增强宏观经济的稳定性同样具有重要作用。金融包容立足于金融平等和商业可持续原则，以可负担的成本为有金融服务需求的社会各阶层和群体提供适当、有效的金融服务。G20 首尔峰会首次将发展作为重要议题进行讨论，并形成了《首尔发展共识》，强调金融包容在推动全球发展中的作用。G20 杭州峰会强调包容性增长、支

---

[1] ［法］埃米尔·涂尔干. 社会分工论 [M]. 渠敬东，译. 北京：生活·读书·新知三联书店，2017：36.

持平等获取资金的机会、致力于减少全球发展不平等和不平衡，使各国人民共享经济增长成果。新冠疫情增加了全球金融的竞争性和对抗性，削弱了治理的包容性。

二、疫情冲击下发达国家的货币政策影响全球金融稳定

当前，主要发达国家央行面临增长动能放缓和通胀维持高位的两难权衡。2020 年，美联储转向瞄准平均通胀目标，显著提升短期通胀容忍度。过去几个季度，美国通胀明显超出预期，2021 年 CPI 上涨 7%，创 40 年新高。目前，美联储对通胀的态度发生转变，相比于 2013—2019 年的退出周期，预计本轮非常规政策正常化的节奏将更快，从缩减资产购买到加息，甚至缩减的时间间隔会更短。美国货币政策往复循环、新冠疫情强变异以及美俄关系对立升级将会加剧这一轮全球经济危机的破坏性。美国与欧洲面临疯狂的通货膨胀冲击，且根本无法预测顶部区间。美国与欧洲又无力出台强势的财政政策，一旦收紧货币政策，必然面临总需求收紧，经济硬着陆的概率极大。资产价格暴跌、债务崩盘以及经济发展降速又迫使其必须以印货币来应对，往复循环，放大危机的破坏性。另外，欧洲还将面临乌克兰民粹与民族主义，源源不断的难民、恐怖分子与极端势力将会持续袭扰欧洲诸国的经济发展。

美国利用美元流动性创造的绝对权力，将其与美国经常项目挂钩，只要顺差国愿意持有美元，创造的美元流动性总可以以美元债务的形式流回美国，这成为构成全球失衡的重要来源。同时，美元作为世界货币的地位，为美国转嫁危机创造了便利。美国国内政策的外部性后果往往是由持有美元外汇储备较多的国家来承受，这在无形中加剧了金融霸权的存在。新冠疫情进一步威胁金融稳定。新冠疫情的冲击使全球金融体系面临巨大压力，使得金融稳定理事会在应对疫情冲击时面临多重挑战。一方面，由于疫情导致的严重流动性压力凸显了金融体系脆弱性，包括非银行金融中介的脆弱性。尽管各国央行为了缓解流动性对宏观经济进行了干预，但各国金融状况的缓解程度存在差异，这反映出各国采取的遏制措施、政策支持程度以及采取的应对措施的差异性。由于各国的防疫形势、宏观经济状况、政治偏好的差异性，导致

协调各国宏观经济政策存在困难。另一方面，全球金融稳定面临的风险不断上升。非金融借款人信贷质量恶化给金融部门带来风险。新冠疫情的加剧、持续时间的不确定性以及相关的政府必要遏制措施，正在增加非金融部门的脆弱性。在受遏制措施影响最大的行业（旅游业和娱乐业）和供应能力急剧下降的行业（从事纺织业和服装业等劳动密集型制造业的行业），盈利水平降低导致企业偿付能力下降。然而政府对企业采取的支持措施主要目标是解决流动性问题，而不是增强偿付能力，这使得企业的脆弱性进一步被放大，进而威胁金融部门的稳定。银行等金融部门为避免贷款损失和资产质量恶化，持续收紧信贷条件，此举使得企业尤其是中小企业融资更加困难，进而暴露近年来极低利率环境下累积的金融脆弱性。这将进一步加剧疫情的冲击。例如，面临资金大规模外流的资产管理公司可能被迫向不断下跌的市场出售资产，从而加剧价格的下行波动。进而加剧经济放缓，并对疫后经济复苏产生不利影响。

三、核心大国的责任缺失

新冠疫情提醒我们，我们生活在一个充满风险与不确定的世界。相比于不确定性的非常规性，风险是可预测的、可控的。不确定性带来的是决策半径的扩大，意味着常规经济决策模式的颠覆、市场经济政策的过时。[1] 从次贷危机到主权债务危机，发展中国家对于全球经济增长的贡献和使发达国家走出危机发挥着重要作用。发达国家日益注意到发展中国家在全球经济治理中不断提升的地位，也不得不通过全球经济治理体系改革来回应发展中国家提升话语权的呼声。金融危机的爆发为世界银行等国际金融机构推动包括投票权在内的核心议题改革提供了契机。发展中国家、新兴经济体也得以通过自身应对金融危机所展示的贡献与能力参与全球经济治理，实现自身的利益诉求。

新冠疫情在全球的暴发泛滥说到底是金融帝国主义最基本亦即最深层次

[1] Stephen C. Nelson. Uncertainty, Risk and the Financial Crisis of 2008 [J]. *International Organization*, Vol.68, No.2, 2014: 392.

矛盾的集中表现。美国这一金融帝国的权力"任性"是由责任缺失引起的。大变局下国家治理与全球治理协调推进不仅需要科学的治理制度和治理规则，还需要体现出责任意识等内容的非正式制度。责任意识等非正式制度是具有约束性的行为规范，在推进国家治理现代化与构建全球治理新格局进程中具有自发性、非强制性、广泛性和持续性等特点，直接或间接地影响正式制度、规则，其主要表现为对于全球整体责任和全世界人民共同福祉的信念和良心。民粹主义以及民族主义考虑的是一种单一而狭隘的责任，缺乏全球性的共同责任，这些思潮在一些国家的兴起，对于将国家治理与全球治理紧密地联系起来、维护全人类共同利益，造成严重的冲击。

特朗普坚持的"美国优先"政策对世界经济格局产生严重冲击，拜登政府上台后推行"小院高墙"的经济策略，在政治上高举"有选择的多边主义大旗"，使得全球金融治理的困境再次凸显。美国不断对外发起贸易摩擦和加征关税威胁，严重破坏全球经济贸易发展的稳定性，不仅中美经贸关系出现严重倒退，美国同发达国家之间的矛盾也正在产生着错综复杂的变化。随着全球经济发展长期面临下行压力，国际竞争将更加激烈，国际经济和地缘政治矛盾也必将进一步复杂化，全球政治经济动荡和发生局部冲突的风险将是难以避免的。随着美国单边主义和贸易保护主义的上升，国际多边贸易体制正在受到严重的威胁。虽然 G20 首脑峰会已对 WTO 改革提出了要求，但由于主要 WTO 成员针对改革提出的诉求和坚持的重点存在很大差异，短期内难以协调一致。估计改革将面临艰难的沟通和协调，这就表明以规则为基础的国际多边贸易体制在短期内难以继续发挥作用，同时也意味着世界经济贸易的不规范竞争将难以受到有效约束。当今世界正面临严重的治理赤字，严格地讲全球经济治理离不开主要国家的协调合作，但目前的矛盾是大国之间的竞争正处于激烈上升阶段。由于主要发达国家缺少责任和担当，特别是特朗普这届政府过度强调"美国优先"的霸凌主义做法，使得世界发展的和谐性进一步遭到破坏。由于缺少包容和合作，致使全球经济治理的难度进一步上升，短期内难以就全球治理达成共识并形成合力。

四、全球金融治理机制的效能不佳

疫情暴露了当前多边体系的深层缺陷。许多国家在贸易、合作和投资方面转向了自我封闭，而不是联合起来提供全球公共产品。此外，目前的多边体系难以减轻因疫情危机造成的经济负担。国际货币基金组织的项目不够完备，二十国集团在债务减免方面也未能充分发挥作用。目前的多边体系在应对发展中国家所面临的金融、健康、经济复苏等方面的挑战时再度失灵。在全球多边主义的框架之下，区域合作及治理机制也纷纷涌现。有的学者倾向于认为，区域主义与多边主义彼此冲突；也有学者认为，区域主义与多边主义可以互补。对此，对于多边主义而言，区域合作机制既可以有所助益，也可能成为一种阻碍。在某些情况下，尤其是在区域金融安排之下，区域合作可以发挥很好的桥梁作用。有了区域合作机制，发展中国家除了国际货币基金组织之外，可以有更多的选择。区域合作机制给予发展中国家更多筹码，有助于发展中国家在相关领域与西方国家政府进行谈判。但一些区域合作机制也可能成为一种阻碍，在贸易方面尤为如此。例如，在某些西方国家尤其是美国和欧盟参与的区域协议中，这些国家会利用其市场优势地位迫使发展中国家接受一些措施——例如，放松金融监管、采取严格的知识产权规则等，这些会抑制发展中国家的长期增长，不利于发展中国家实现产业赶超。

现有多边体系的效能问题主要表现在三方面：一是合法性不足。现有多边体系在建立之初未能充分反映发展中国家的利益和诉求。尽管一些多边机构的治理结构和投票权有所调整，但发展中国家在现有多边体系中的话语权与自身实力不相匹配的问题依然十分突出。很多多边机构仍将美式民主模式和自由主义市场经济奉为圭臬，并将推行这些理念作为使命，而对其他行之有效的政治和经济发展模式视若不见甚至加以抑制，导致其推行的政策变得日益狭隘。在内部治理上，很多多边机构的高级管理层也长期由发达国家把持，在决策上很少听取和吸收发展中国家的意见和声音。无论是贸易投资、货币金融等传统治理领域，还是气候变化、网络安全等新兴领域，在现有多边体系下，全球主要国家之间的"集体行动难题"依然存在，治理赤字有增

无减，威胁世界和平与发展的挑战更加严峻。

二是以双重标准指导金融规则实施。在美国主导的金融法律秩序下，其对于盟友与非盟友的政策具有明显的选择性，通过其掌握的制定运用金融规则的优势，影响干预规则的实施。正如 Gardner 所言，布雷顿森林协定重点关注的是战后英国与美国之间的关系处理，其尽管带有"开发"的字样，但是并没有将欠发达国家的发展问题作为主要关注事项。[1] 出于实现美国国家利益的考量，美国关照的国家可分为"政治相近"（political proximity）和"政治运动"（political movement）的国家，前者是指与美国结盟或者价值观相近的国家，后者是仅为获得贷款的目的，而向美国靠近的国家。在东欧经济转型时期，世界银行与国际货币基金组织对波兰、罗马尼亚等自由化意愿强烈的国家获得贷款提供了诸多便利，但对乌克兰、俄罗斯的贷款则设定严格的条件。依据美国的国内法，美国国会享有对美国多边开发银行政策的制定权。这一规定为美国将其在世界银行中的制度性优势同自身的国家利益挂钩创造了条件。依托其决策权优势，美国可以充分将国家利益的考量与贷款的发放相挂钩，帮助实现其特定的战略目的。

三是为实现战略目的干预借款国主权。以世界银行和国际货币基金组织为代表的国际多边开发机构的工作重点经历了从关注战后经济复苏与发展到向发展中国家提供优惠贷款，再到推进借款国的有效治理的三个阶段。伴随着世界银行在 1989 年非洲发展问题上引入治理理念，政府改革、制度建设开始成为发放贷款的条件因素。基于实现"有效治理"的目的而推进的结构调整计划、政策性贷款过多地侵入借款国的国内事务，借款国（主要是发展中国家）为筹集本国经济发展所需要的资金不得不与国际金融机构保持密切联系，进而使得后者的国际权力和影响力不断增长。此外，世界银行、国际货币基金组织通过与跨国公司联合的形式，形成对于借款国经济的控制。

---

[1]　Richard Gardner. Sterling-Dollar *Diplomacy: the Origins and Prospects of Our International Economic Order*[M]. McGraw-Hill, 1969:30.

本章小结

为更好地推动国家之间的合作，设立国际组织成为各国参与全球金融治理的重要方式。在此背景下，国际货币基金组织、世界银行等国际金融机构建立起来，以应对二战后的金融稳定、发展合作问题。伴随着金融全球化的深入，除了国际货币基金组织以外的其他国际金融监管组织开始出现，并在2008年金融危机后呈现出强化的趋势。而以G20为代表的全球经济治理机制则成为统领全球金融治理中国际组织的关键机制。可以说，国际组织成为全球金融治理中的重要主体，当前国家之间的利益争夺已从传统的实力竞争转向国际组织内的话语权之争。这一态势说明全球金融治理中国际组织化的趋向不断加强，这种组织化趋势使国际组织成为重要的制度性权力。国际经济金融组织数量的增加与职能的扩大，使地球上彼此影响的各种国际组织，已经形成一个巨大的国际组织网，加速了全球金融治理的体系化。

全球金融治理体系化呈现出多元主体参与、大国主导、软法和硬法规范相结合的秩序状态。从二战以来全球金融治理体系演进史的角度看，七十七国集团、东亚区域合作、金砖国家都在为推动全球金融治理体系变革做出努力，从而推动全球金融治理体系演进。

在新冠疫情背景下，各国竞相采取排他竞争性的金融政策，而单边金融制裁、经济报复等问题加剧了全球金融的脆弱性。全球金融治理的包容性不足问题显现出来。为了应对疫情，主要发达国家利用自身的货币权力，货币政策的溢出效应影响全球经济恢复。核心大国责任缺失、现有治理机制的效能不佳增强了全球金融治理体系变革的紧迫性。

第二章　金砖开发银行的治理结构

实现治理结构善治是金砖开发银行追求的重要目标，也影响着金砖开发银行在全球金融治理中发挥作用。善治的规范维度为分析金砖开发银行的治理结构提供了视角。从利益平衡、权力制约、规则落实三方面着手，对照检视金砖开发银行的决策机构、监督机构、执行机构，发现存在促进合作与决策僵局两难、公众参与与权力制约失衡、国家自主与规则落实脱节三方面阻碍善治实现的内容，参照善治规范属性的作用路径，相应提出实现利益平衡、强化权力制约、推进规则落实的应对之策。

金砖国家 2015 年发起设立的金砖开发银行具有三重使命：第一，为完善全球金融治理，推动全球金融治理创新作出贡献；第二，为深化金砖国家务实合作提供平台，为发展中国家的基础设施建设和可持续发展作出贡献；第三，为支持"一带一路"倡议推进实施提供融资保障。金砖开发银行作为新兴金融机构，既要借鉴现有多边开发银行的成功做法，也要根据国际发展合作趋势以及发展中国家的实际，通过强有力的治理结构框架，推动政策规则落实和制度运行，实现组织宗旨目标。

善治被世界银行等传统多边开发机构所推崇，强调好的制度是经济发展的重要基础。尽管世界银行实现善治的具体做法遭受质疑，但是善治作为治理中"好的方面"仍应被重视。金砖开发银行又被称为新开发银行（New Development Bank），真正做到"新"，金砖开发银行还需要在业务运作中以善治为指引，超越世界银行实现善治的路径，形成自身的善治实践。由此引发的问题是，作为金砖开发银行运营核心的治理结构是否做好了推行善治的准备？换言之，金砖开发银行的治理结构是否合乎善治标准？为了解答这一问题，作者从善治的规范维度切入，首先分析善治规范属性的内容表现以及作用路径，建立研究框架，继而以善治的规范属性审视金砖开发银行治理结构的内容，指出金砖开发银行治理结构的不足，最后提出相应的完善对策，以期从学理上建构研究金砖开发银行治理结构的分析框架，从实践中提升金砖开发银行业务运作的能力，增强发展合作的有效性。

第一节　建构善治的规范维度分析框架

善治是治理中"好的方面"，是多元主体参与治理追求的目标和价值依归。善治并不仅是一个指称性的名词，还具有规范维度的含义。善治的规范维度表现为规范属性及规范属性的作用路径两方面内容。善治的规范属性是促进利益分配、约束各方行为、指引各方行动的基础。善治规范属性的作用路径是实现善治的基本遵循，也是促进善治规范作用发挥的重要前提。

一、善治的理论引入

治理是统治的一个新过程或者是管制社会的一种新方法，在此基础上，至少存在六种分别使用治理的情况：（1）作为最小国家；（2）作为共同治理；（3）作为公共管理；（4）作为善治；（5）作为社会控制系统；（6）作为自组织网络。[1] 治理是相互冲突的或不同的利益得以调和并且采取联合行动的持续的过程。这既包括有权迫使人们服从的正式制度和规则，也包括各种人们同意或以为符合其利益的非正式的制度安排。作为管理一个国家经济和社会资源的权力运行方式，治理包含公共权力在确立经济运行环境、决定利益分配中的角色，以及统治者与被统治者之间关系的本质。

治理表现为三个特征：一是主体的多元性。治理不同于统治，在主体上包括政府、私人机构、个体，在主体关系上表现为合作而非管理，在权力关系上表现为权力的分解以及非政府主体参与政治决策程序。二是权力运行的

---

[1]　[美]詹姆斯·N.罗西瑙.没有政府的治理[M].张胜军，等译.南昌：江西人民出版社，2001：12-20.

多向度。治理是一个上下互动的管理过程，主要通过合作、协作、伙伴关系、确立和认同共同的目标实现对公共事务的管理。三是依托规则制度安排实现治理。通过对于共同利益的凝练或者不同利益的协调，形成正式或非正式的规则制度安排，实现对于公共事务的管理。

善治是治理不可或缺的内在价值构成要素。善治是治理意欲实现的目标，也是通过不同主体之间的利益关系重构而实现的合作互动的最佳状态。世界银行从表现形式上将善治界定为：有效的公共服务、确保契约的独立和司法系统的法治架构、公共资金的预算管理、独立的公共审计、多元化的制度结构等。从理论内容上，善治包含合法性、透明性、责任性、法治、回应、有效六个要素。善治实现的条件包含三方面内容：首先，对于治理主体的透明度及廉洁水平进行综合评估；其次，确保利益攸关方的有效参与，形成有机的行动网络；最后，确保法律规则的最高地位并推进制度建设。

二、善治规范属性的内容表现

善治不仅是指称性的概念，还具有规范性内容，是国际社会需要认识到的，在政治决策过程中应被珍视的重要价值。善治规范属性的内容在于通过制度建构和实践安排界定什么是善，并通过公民的参与、加入与协作，调整社会关系和各方行为，促进社会政治制度功能发挥。

调节利益分配。善治是协调不同甚至相互冲突的利益，促使各方采取联合行动的过程。权利是利益的规范化反映，善治通过凝练各方共同利益，实现塑造各方权利的结果。在整个社会中，社会成员皆为权利主体，都平等地享有各种权利。在国际社会中，尽管主体更为多元，但是无论是国家、国际组织，还是公司法人、公民均享有各自的权利，这也赋予了各方为实现自身权利而采取行动的积极性。善治可以缩小各方实现权利的能力差异，促使各项权利更加平等，利益更多地向处于较低层次的群体流动和输送，从而体现公平和正义的正向价值。[1]

---

[1] 张华民. 现代法治视阈下良法善治的基本要求及其在我国的实现 [J]. 南京社会科学, 2018 (5)：96-103.

约束主体行为。善治不仅是利益调节以及持续互动的抽象过程，也是可测度的原则规则，外化为一系列的规范性标准（normative criteria）对于治理主体行为具有约束力。世界银行的善治指标包括问责、效能与效率、法治、腐败控制、监管质量、政治稳定和非暴力。联合国的善治指标包括问责、效能与效率、法治、腐败控制、平等包容。这些善治指标通过贷款协议、联合国安理会决议、联大决议的形式转化为国家的具体行动举措，进而影响国家、企业、公民的行为。善治对于主体行为的约束，不再表现为单向的，"自上而下"的管理过程，而是围绕既定的目标框架，以合作协商为基础的，为实现共同利益而实施协作行动。

指引各方行动。为确保善治目标得以实现，将治理阐述为一项规则无疑是有益的，作为一项规则的治理需要更多特定的规范性原则和程序确保运行。[1]国际组织以及国际条约指引着各方向着善治迈进。2011 年，联合国安理会依据"保护的责任"，"在一国未尽到保护其人民免遭种族灭绝、战争罪行、种族清洗和反人类罪的责任时"，通过 1970 号、1973 号决议，对利比亚实施国际制裁。非洲、加勒比、太平洋地区国家集团和欧盟国家签署的《科托努协定》，规定明确的决策程序、透明和负责任的制度、资源管理上的法治优先以及预防和控制腐败是善治实现的必要条件，为缔约国协调合作，实现善治指明了方向。

三、善治规范属性的作用路径

善治的最终实现和评价，并不是基于抽象的指标和个别个体的评价，而是由实际社会中的每一个体具体的感受与评价综合汇集形成的。善治需服务于国际社会的和平与发展、国家的安定与繁荣、社会的和谐与稳定、个人的自由与尊严。善治的实现离不开各方利益平衡、权力运行、规则实施三方面的保障，这也是建构善治规范属性分析框架的基石。

从利益调节与分配的角度，充分注重长远利益与短期利益的协调，积极

---

[1] Francis N. Botchway. Good Governance: The Old, The New, The Principle and The Elements[J]. *Florida Journal of International Law*, 2005(1): 182.

谋求共同利益。治理各方尤其是国家对于现实利益的追逐，依然是国际社会的重要底色。治理各方之所以愿意受到国际机制或者规范的约束，一方面是由于与自身的利益一致，另一方面则是在一定条件下追求利益所必要的。具体而言，国际机制和规范为各方行为提供了合法性，同时也为协调各方行动，应对共同挑战创造了条件。出于对长远利益的考虑（这些长远利益可能是出于互惠、对报复的担忧抑或声誉的维护），各方愿意放弃短期利益，而实现合作。因此，各方之间是否存在共同利益，或者相互冲突的利益是否能够协调，将是影响和决定国家合作以及合作效果的直接因素。共同利益表现为国家间利益的共同性、互补性和相互性。为追求帕累托最优的结果，各方会根据其自身的利益通过调整其政策手段，谋求共同利益。

从权力运行的角度，确保开放性与透明度，强化权力制约。开放性即是可以被获取、可被知晓的方式确保公众就政府或者国际组织的决定同后者开展交流沟通，同时确保新闻媒体、社会公众充分参与并自由发表意见。透明度是指受决策影响的群体可以获得充足的信息，充分了解决策的目标、标准规则、相关数据信息。善治即是保障公民权利始终处于核心主导地位，同时建立对权力不同部分的制约机制。制约机制的建设需遵循公开透明的程序，具备可操作的标准规则，保障公民的充分参与。

从规则实施的角度，确保有效性和效率，推动规则遵守和制度完善。有效性指称预先设定的目标和对做出的可信承诺被实现的程度，以及在此过程中，权力主体制定实施政策的质量水平。效率与有效性紧密相关，指称政策结果与社会需求、资源利用的匹配程度。规则是对于政策导向的直观反映，规则遵守是实现政策结果和社会需求的重要方式。在全球化的今天，规则的遵守不仅包括国内法，也包括国际法。国际条约、国际习惯、国际组织决议均可能成为一国的法律渊源，与国内法规则一起调整和规范社会关系。无论是国际法的遵守还是国内法的遵守，均应反映有效性和效率。对于国际法的遵守，表现为不同国际行为体和国内行为体互动、解释，并将规则转化为国内法律或者法院裁决的过程。对于国内法的遵守，表现为守法主体的自觉遵守，即内在遵守愿望大于外在客观压力。但是在特定条件下，守法主体不愿遵守或者缺乏必要的遵守能力，则需要通过机制建设与完善，施加约束，提升制度能力和水平，促进遵守。

第二节　金砖开发银行治理结构的内容特征

作为新兴国际经济金融组织，金砖开发银行的治理结构遵循了国内法上公司法人治理结构的模式，呈现出决策机构、监督机构、执行机构"三驾马车"并行的形态。作者将以此为基础对治理结构的内容展开研究。

一、体现利益平衡的决策机构

在筹划金砖开发银行期间，中国有意认领更多的份额扩大银行规模，印度和巴西则对中国超强的经济实力存有戒心，最后的妥协结果是中国放弃根据经济规模和实力来承担银行义务和责任的要求，同意成员国等额出资并享有平等的决策权。从制衡中国强大的经济实力考虑，印度和巴西通过合作防范中国实现对金砖开发银行的"控制"。从促进金砖开发银行设立，实现长远经济利益和政治利益的方面考虑，中国调整了自身的政策行为，从而使得合作得以达成，设立金砖开发银行的预期目标得以实现。因此，等额出资并享有平等决策权的决策机构是平衡金砖国家各方利益的制度体现。基于《金砖开发银行设立协定》（下称《设立协定》）的规定，成员国的表决权由其各自认缴的出资决定，五个成员国认缴的出资相等，这便决定了五个成员国拥有相同的表决权。金砖开发银行的人员选任同样体现了平等的原则，金砖开发银行的行长由五个成员国轮流担任。

在追求平等的同时，追求效率也是金砖开发银行成员国利益平衡的体现。这在《设立协定》对平等分配表决权的限制中表现得最为明显，具体包括三点内容：第一，成员国未缴纳或者未足额缴纳股款所受到的表决权限制。成员国的表决权是由其认缴的股份数量决定的。在成员国未能足额缴纳其认缴股份的资本时，其表决权会受到限制，被限制的表决权数量由未付认缴资本同已付认缴资本总额的百分比决定。第二，支付认缴股款需符合期限要求。金砖开发银行将成员国支付认缴股款的阶段分为 7 个环节，不同环节规定了相应的支付期限，成员国需要在规定期限内足额缴纳资本，否则其表决权会受到相应减损。第三，表决权的行使受到限制。对于增加资本规模、接纳新成员、修改设立协定等重大事项，需要经由理事会特定多数表决通过。超级多数表决制度要求至少有 4 个创始成员国投赞成票同时表决权需超过总数的三分之二。在超级多数表决程序中，协议没有规定创始成员国共同一致，而是要求其中 4 个国家投赞成票，体现出对于成员国平等权的限制。

二、侧重管理控制的监督机构

金砖开发银行的监督制度体现为上级对于下级、部门之间的监督，呈现侧注重管理控制的特点。理事会和董事会的成员由各成员国委任代表组成，理事会拥有最高权力，董事会的权力来源于理事会的授权，需要对理事会负责，接受理事会监督。行长的任命由理事会负责，并作为董事会的成员之一，银行的管理人员和专业运营人员的任命由董事会负责。金砖开发银行还依托内部审计部门、合规部门进行部门监督。与世界银行等传统多边开发银行审计部门向行长负责的做法不同，金砖开发银行提升了内部审计部门的地位，使其直接对执行董事会负责。合规部门直接对行长负责，与四位副行长管理的部门是平行关系，进而保证了合规部门对于其他职能部门的有效监督。

金砖开发银行还成立专门的监督委员会对于业务运作进行监督。审计、风险合规委员会（Audit, Risk and Compliance Committee）是金砖开发银行依据《设立协定》第 12 条规定的精神，由董事会建立的监督机构。其设立的目的在于协助董事会承担银行监管责任，实现权力制衡。以审计、风险合规委员会作为被比较对象，作者收集了现有多边开发机构中与其职能相似的机构进行对比分析。作者之所以将以上部门汇集到一起进行比较分析，也是考虑到这些部门本身所具备的监督属性，监督的内容涉及业务运营、绩效评价、内部审计、项目管理、机构廉政等问题。通过比较可以发现，金砖开发银行设立的审计、风险预算合规委员会在人员组成上与美洲开发银行的审计委员会存在相似之处，二者的组成人员均是从董事会成员中进行选择。而在主席的产生方式上，后者由董事会主席担任，而前者则实行全体成员协商的方式，这也凸显了前者平等治理的理念。以上部门在机构地位设置呈现出一致性，从而表明这些部门是作为"董事会的长臂管理机构"存在，是为了满足董事会履行职责的需要而创设。审计、风险合规委员会体现了金砖开发银行"自上而下"的监督模式。该委员会直接由董事会成员以及专业人员组成，人员组成级别高，对于审计人员的聘任、银行运营、风险控制进行监督，强化了董事会监督下级机构和人员的能力水平。

表2-1　审计、风险合规委员会与其他多边开发机构部门的比较

名称	人员组成	机构地位	职权范围
世界银行独立评估局	董事会任命局长；局长任命其他人员	向董事会直接负责，与管理层相互独立	对贷款项目进行绩效评估，总结经验教训，并向董事会汇报
亚开行独立评估部、合规评估小组	董事会直接任命局长；局长任命其他人员	向董事会直接负责，与管理层相互独立	评估审查项目实施、审计过程中违反银行规则的行为
美开行审计委员会	董事会主席担任主席；成员由董事会选举	向董事会直接负责，与管理层相互独立	选任外部审计人员，评估审计报告，评估银行财务报表
金砖开发银行审计、风险合规委员会	由董事会全体成员组成；主席由成员协商	向董事会直接负责，与管理层相互独立	评估财务报表、选任外部审计人员和内控人员、评估运营风险

（资料来源：作者依据 WB、ADB、IADB 官网信息整合而成）

三、注重效率和借款国自主权的执行机构

金砖开发银行采取"扁平化"的管理模式。扁平化管理模式具备提升决策效率，加快信息流动的优势，有效地避免了等级式管理层次重叠、人员冗杂、组织机构运转效率低下的弊端。金砖开发银行秉承专业、高效、透明、

绿色的原则组建机构和运营业务，除了向借款国提供资金外，也致力于向借款国提供高质量的支持服务和技术援助，以项目为载体，支持借款国进行体制机制创新，探索适合自身国情的发展道路和发展模式。相较于传统多边开发机构，金砖开发银行的贷款审批效率更为快捷。在成立不到 3 年的时间里，已发放 13 笔贷款，而世界银行的贷款审批周期往往超过 3 年。高效的业务决策、运作效率对于及时回应借款国发展需求，促进借款国可持续发展具有重要意义。

金砖开发银行执行机构的高效率与其采取的"本国体系"的业务政策紧密相关。"本国体系"是指贷款业务执行中适用借款国的国内法律体系和管理体系，将主流的环境和社会考虑纳入决策过程，鼓励在业务中吸收国际上的良好环境和社会实践，以此加强本国体系的使用。"本国体系"的最大特点即是在贷款项目准备与实施过程中充分考虑借款国的国情及自身需求，根据借款国面临的具体发展环境制订适宜的发展方案，并通过与国家开发性金融机构密切合作保障发展方案的遵守和落实。"本国体系"下的金砖开发银行业务执行以尊重借款国的主权为基础，与世界银行所采取的等同性和可接受性标准在执行效果上存在差异，后者多被视为强加于借款国法律之上的域外法权。同时，贷款政策、发展方案的遵守与落实依靠借款国的自觉，这种自觉是建立在借款国本身也是金砖开发银行的出资国的基础上，[1] 这一逻辑思路在于任何违反金砖开发银行政策规则的行为均可能增大项目风险，危及资金安全以及银行业务运营，这种做法不符合作为成员国的金砖国家的现实利益和长远利益。

---

[1] New Development Bank. New Development Bank´s General Strategy: 2017—2021 [R/OL]. 2017:10.

第三节　金砖开发银行治理结构存在的不足

以善治规范属性的作用路径为参照分析金砖开发银行治理结构的内容，可以更富有针对性地发现治理结构存在的影响善治实现的因素。因其内在的规则制度设计，治理结构存在促进合作与决策僵局两难、公众参与与权力制约失衡、国家自主与规则落实脱节三方面的不足。

一、平均分配表决权的决策模式诱发僵局风险

金砖开发银行并未采用传统国际金融组织加权分配的表决权模式，而是不分国家经济实力的强弱，采取平权模式，在保障成员国形式平等的同时，也追求实质平等。对决定扩员、增加减少注册资本、批准总体发展战略等事项，《设立协定》要求须同时满足两个条件：一是持三分之二以上表决权的成员国出席并投赞成票；二是四个以上创始成员国投赞成票。平权模式使得成员国之间并不具备相互优势，这使得经济发展水平差异较大的国家可以通过平权模式实现相互之间的平等，进而对于组织内部综合实力更为强大的国家形成约束。但是，缺少具有优势投票权的成员国，使得决策的作出需要依赖成员国之间高度的政治认同和友好协商。一旦成员国就扩员、机构发展、人员任命等问题难以形成一致，则可能直接影响机构的正常运作，使其陷入僵局。诱发决策僵局风险的原因包括三点。

首先，平权模式体现了威斯特法利亚以来确立的国家主权理念，国家主权的至高无上决定了这种模式存在国家之间相互掣肘的风险。国家意志的完全一致是难以实现的，国家对于短期利益的追求，对于长远利益的漠视使得

其很难在国际交往中形成一致。成员国对于金砖开发银行的运营问题即存在分歧。印度希望将更多的资金用于支持金砖国家的基础设施建设，不需要急于将借款国扩展到金砖国家以外的国家，而俄罗斯、巴西则希望适时扩大金砖开发银行的业务范围。对于金砖开发银行业务范围的分歧，凸显了金砖国家利益诉求的差异，这种差异将会促成不同的政策导向，进而影响金砖开发银行的长远稳健运营。

其次，成员国的经济发展程度和利益动机存在差异甚至冲突。由于金砖国家出口产品结构的调整升级，以及工业化进程所引致的相近目标产业的发展，相互之间内部市场和外部市场的竞争尤为明显。中国在第三方市场上对于其他金砖国家存在挤出效应。同时，金砖国家内部存在地缘政治冲突、文化和制度差异等诸多问题。如中国印度领土问题悬而未决；印度对于中国提出的"一带一路"倡议持反对态度；巴西南非更倾向于推行普遍性的贷款政策规则和环境社会框架，而不是采用中国俄罗斯主张的"一事一议"的规则形式。这些利益诉求的差异冲突使得金砖国家谋求政治共识，实现共同利益的难度增大。

最后，相似功能国际组织的存在，为各国实现其利益诉求提供了选择空间，也使得国家的外部承诺与内部遵守行为之间的脱节日益显著，降低了国家对于国际组织的忠诚度。金砖开发银行作为传统多边开发体系的补充而设立的金融机构。金砖国家为满足自身基础设施投资的需要仍可以在金砖开发银行以外，选择其他多边开发机构进行融资。选择空间的存在使得金砖开发银行的不可替代性减弱，成员国对金砖开发银行的忠诚度受到削弱，进而降低了成员国为保证银行长远运营而在本国利益问题上作出让步的可能性。标准普尔2018年发布的金砖开发银行长期信用评级报告指出：尽管采用了平权决策模式，但是这些管理结构均是新的、未经检验的，运营的实际效果将直接影响金砖开发银行信用评级的未来调整。这凸显出国际评级机构对于金砖开发银行平权模式能否取得良好实践效果的担忧。

二、"自下而上"监督机制的缺失影响权力制约

金砖开发银行高度重视机构的可持续性，将监督工作摆放在重要的位置。同时，金砖开发银行的监督部门设置具备明显的"自上而下"的特征，其强调决策部门对于执行部门的监督以及执行部门的相互监督。对于公众参与项目设计决策以及环境影响评价绝对漠视，源于决策者认为贷款决策具备高度科学性，公众是技术门外汉的思想。但是，发展治理是在一系列被权力塑造的正式与非正式规则的约束下，通过国家与非国家行为体的互动来制定、执行政策的过程。其实质在于以权利保护和社会参与为核心，建立在市场原则、公共利益和认同之上的合作。加强受项目建设影响的基层民众、民间团体的参与，对于增强金砖开发银行业务运营的开放性和透明度，加强对于金砖开发银行业务部门及工作人员的制约监督尤为必要。

传统多边开发机构已经意识到建立"自下而上"监督机制。世界银行组建核查小组以及亚洲开发银行组建的合规评价小组，即是制约业务部门权力的重要尝试。世界银行设立核查小组的初衷在于破除项目设计、实施过程中的封闭性和官僚化，避免世界银行的专业技术人员只依靠数据以及自身掌握的有限信息，做出贷款决策，有意识地忽略公众参与、项目监督等事项。1994 年，世界银行设立核查小组，专门负责接受借款国领土内受到影响的当事方提交的核查请求，主要接收在项目设计、评估和实施过程中对于银行政策和操作程序是否得到恰当履行的意见。针对申诉，核查小组将向世行管理层提出建议，并由董事会作出最终的决定。世界银行的核查小组具有明显的行政色彩，其目的在于降低项目建设所造成的附带损害，但其受理范围相对狭窄，不能完全反映借款国民众的需求。这一机制对于保障人权、环境、劳工的作用不容忽视，也是世界银行问责机制完善迈出的重要一步。亚洲开发银行组建合规评价小组对项目建设情况进行监督问责。合规评价小组可通过到项目所在地进行实地探访的形式就项目建设进展、项目建设产生的潜在影响、民众诉求、是否违反银行政策等问题进行评估。合规评价小组直接对董事会负责，绕开了以行长为首的管理层，从而有利于避免业务部门的掣肘，

强化监督。

金砖开发银行在其治理结构中设置了直属于董事会的独立评估机构。该评估机构单纯就财务、资金、运营风险等问题进行评估，无法覆盖环境与社会政策落实、劳工标准、欺诈、贪污、人权问题等项目建设过程中面临的现实问题，同时，金砖开发银行也未建立项目申诉机制和监督机制，这不利于保障公民参与、加强权力运行监督。参照世界银行和亚洲开发银行的实践，建立"自下而上"的监督机制实属必要。通过这一监督机制的建立，可以有效地将基层民众诉求同金砖开发银行的监督管理进行对接，提升争议问题解决的效率，减少不必要的阻力。同时，通过"自下而上"监督机制的建立，金砖开发银行可以进一步扩大项目所在地民众参与项目建设、决策的机会，防范由于项目建设所引发的争议甚至冲突，提升金融机构工作的有效性和透明度，树立良好的品牌形象。

三、"本国体系"下的执行管理制度弱化规则实施

金砖开发银行业务运营活动充分体现了"本国体系"的要求。在贷款发放、环境与社会保障政策实施等环节，给予借款国充分的自主权。金砖开发银行作为事后监督者对于贷款实施成效进行评价和监管。这种管理模式极大地提升贷款审批效率，有助于克服传统多边开发机构贷款审批周期漫长的弊病，同时也充分尊重借款国主权，避免了对于借款国国内事务的干涉。但是，没有制度是尽善尽美的。有效的治理框架应该是建立在其对于总体经济表现、市场一体化、激励市场参与者以及提升透明度的影响之上。"本国体系"下的执行管理制度仍然存在漏洞。由于金砖开发银行的成员国均没有创建和运行国际多边开发机构的经验，金砖国家的运营能力备受质疑。亚洲开发银行行长 Takehiko Nakao 在谈到金砖开发银行时指出，运营银行业务并非易事，需要寻找项目，监督贷款使用并确保贷款的偿还。这凸显了传统多边开发机构对于金砖开发银行能力的不信任。

在贷款项目评估的过程中，金砖开发银行对于风险较高的项目实施事前

评估的模式，对于风险较低的项目进行事后管理。由此带来的问题是，如何有效地在项目未实施前，就项目风险进行合理判断。同时，金融风险出现的直接原因往往是风险评估人员与金融机构管理人员相互分离，风险评估仅仅着眼于某一特定项目，而忽略了与金融机构的发展战略相结合。金砖开发银行将与决定贷款资金发放与否直接相关的环境影响评价交由借款国以及项目企业负责，其仅就评价结果进行审核。此种做法可以提升贷款审批效率，并且可以尽可能地避免对于借款国国内事务的干涉，但是，出于逐利性的考量，项目企业是否能够秉承诚实信用和商业操守，忠实地履行环境影响评价责任，是个未知数。

金砖开发银行执行机构中核心的业务部门是贷款业务部、项目政策支持与招标部以及资产证券组合管理部。在业务部门负责监督借款国及项目企业履行贷款发放条件以及执行环境社会保障政策的情形下，一旦外部监督缺位，可能会出现管理人员或者业务人员权力寻租，甚至从事贪污、受贿、欺诈等违反职业道德和银行政策的行为。同时，借款国及项目企业自主决定贷款资金使用。由于制度缺失而可能引发的贪污或者不当得利的风险值得注意。世界银行在印度进行的社区规划项目即出现了不满足条件的人群得到补助，政府延迟向符合条件人群发放款项的情况。世界银行也将贪污问题视为消除贫困的主要挑战。世界银行廉政部门2016年就贪污、贿赂问题对68个贷款项目进行调查，涉案金额高达81.8亿美元，并对80余家涉事企业实施制裁。在业务人员掌握审批大权以及企业直接掌握资金用途的情况下，防止权钱交易、贪污受贿行为的发生尤为关键。

第四节 金砖开发银行治理结构的完善对策

保证经济实力不对称的金砖国家之间的平等，促进金砖合作是金砖开发银行采取平权模式、尊重借款国自主权的制度模式的初衷。当前的规则制度设计固然可以保障平等，但是也会衍生风险。在实现治理结构善治的道路上，金砖开发银行需要谋求成员国共同利益，强化参与问责，促进规则落实。

一、谋求共同利益，逐步确立"协商一致"的决策模式

金砖开发银行平权模式凸显了创始成员国在追求实质平等的利益诉求，同时也存在使得金砖开发银行理事会陷入决策僵局的风险。作为金砖开发银行最高权力机关，保障其正常运转极为重要。做到这一点，既需要尊重金砖开发银行既有的决策程序规则，也需要夯实成员国之间的合作基础，谋求共同利益。出于防范决策僵局、保证决策效率的目的，"协商一致"决策模式的适用尤为必要。

现有国际组织既有在章程中明确规定作出决策时"协商一致"做法优先于投票程序，也有在实践中逐步发展形成这一决策模式。国际货币基金组织、世界贸易组织在其章程中明确规定了"协商一致"的决策模式，世界银行将"协商一致"视为投票权改革的重要路径。《联合国宪章》尽管规定了联合国大会采用投票方式通过决议，但是在决策实践中，联合国大会更倾向于采用"协商一致"的模式。"协商一致"的决策模式既充分尊重国家之间的平等地位，也充分体现了公平代表的要求。相较于少数服从多数的投票模式，其有助于破除国家对自身利益遭受"多数群体结盟侵害"的担忧，保障国际组织的顺

利运行。国家通过寻求国际合作来实现自身利益诉求的偏好是推动"协商一致"决策模式在实践中确立的关键。国家出于对于长远利益的考量需要在国际谈判中做出妥协退让，并通过建立普遍行为准则的形式，实现互惠性的扩散，从而实现最优的合作结果。

《设立协定》并未明文规定"协商一致"作为理事会的决策模式，但是《理事会程序规则修订案》中规定，针对特定问题，理事会主席可以查明各方意见而无须付诸投票表决（ascertain the sense of the meeting in lieu of a formal vote）。理事会作为金砖开发银行的最高决策机关，其实质上是金砖国家利益博弈的角力场。实现最佳的博弈结果，并且保持金砖国家关系的稳定是理事会作出决策必须考量的因素。少数服从多数的投票决策模式并不能满足前述两点要求，同时也与金砖开发银行追求的平等理念相背离。采用"协商一致"的决策模式，可以充分地实现金砖国家之间的沟通协商，最大程度上弥合利益之间的失衡，从而形成多方决策共赢。"协商一致"追求的国家之间协调合作反映着"开发、包容、合作、共赢"的金砖精神，进一步增强了金砖开发银行在实践中确立"协商一致"决策模式的可行性。

"协商一致"的决策模式包含五点要素：第一，坚持平等原则，充分保证各国的参与平等、规则平等与机会平等；第二，允许各方在作出决定前，进行广泛协商，谋求共识；第三，由参与协商的主席确定各方已就讨论议题基本达成一致，如无特别反对意见，则该一致意见将会得到通过；第四，各方可要求对于议题基本点的内容进行解释或者保留；第五，在不能达成一致的情况下，可以进行投票表决。协商一致追求的是谈判协商的过程一致，而非结果一致，其可以作为投票表决程序的前置机制，在不能取得协商一致或者有特别反对意见的情况下，进行投票表决。金砖开发银行通过"协商一致"的决策模式，可以充分发挥决策民主，最大程度地征询成员国意见，增强决策的代表性、科学性和公正性，进一步强化金砖开发银行在深化金砖国家金融合作、促进可持续发展的作用。

二、强化参与问责，规划设立独立检查小组

金砖开发银行的监督机构包括独立评估部、合规部和审计、风险预算合规委员会三大部门组成。这三个监督机构分别从财务、法律、管理三个领域对金砖开发银行的运营工作进行监督，具有明显的以管理为中心和对上级负责的特点。考虑到发展治理主体的多元性，最大程度上吸纳利益攸关方的参与是增强发展有效性，实现可持续发展的关键。金砖开发银行支持的发展归根结底还是"人"的发展。通过独立检查小组，受到金砖开发银行支持项目影响的基层民众可以表达诉求，也可以就与项目建设实施相关的政策标准执行问题，提供意见、建议，这对于改善金砖开发银行工作，构建和谐稳定的发展合作关系大有裨益。

设立独立检查小组的可行性包括以下三点：第一，践行运营"高标准"原则的需要。运营"高标准"强调在不干涉成员国内政的前提下，对于贷款资金用途、环境社会管理政策、人权、劳工标准等问题采用"高标准"。独立检查小组的功能之一即是对金砖开发银行环境社会保障政策的执行情况接受个人或社区意见，从而优化政策执行的方式和能力。第二，提升声誉形象的直接驱动。声誉形象是因经营、管理和外部事件而导致的利益相关方对金融机构的正面评价。金融机构的声誉形象对于增强投资者信心，推动金融机构的长远发展具有积极意义。设立独立检查小组有助于树立金砖开发银行强化监管、注重程序正义的品牌形象。第三，提升透明度的现实需求。独立检查小组将为受项目建设影响的个人或者群体提供更多的发声机会和申诉渠道，从而以市民社会的力量推动金砖开发银行问责机制的完善，提升金砖开发银行决策工作的透明度，培育借款国民众在发展治理中的程序意识和参与意识。

独立检查小组的定位应作为连接金砖开发银行执行董事会与受项目影响的基层民众之间的连接通道。在行政隶属关系上，独立检查小组直接对执行董事会负责，向其汇报工作；在部门功能上，其负责接受个人或社区意见、建议以及申诉，并就相关问题进行汇总，作出初步处理意见，供执行董事会

作出决定。独立检查小组受理申诉的范围至少应包括：与执行环境社会保障政策相关的问题；造成环境退化或环境污染的问题；原住民、移民安置问题；维持并改善非自愿性移民生活水平问题等。为防范干涉借款国的内政，独立检查小组开展工作应做到三点：第一，聚焦项目本身，不干涉借款国国内政治经济事务；第二，在进行现场调查、访问前，应征得借款国的同意，并寻求获得当地政府配合；第三，遵守借款国国内的法律法规，遵循金砖开发银行制定的人员管理规范。

三、促进规则落实，推动实施"三位一体"的管理举措

执行机构是金砖开发银行开展日常运营活动、推进发展治理、支持可持续发展的"前沿"结构，其在金砖开发银行的治理结构中扮演着承上启下的重要作用。执行机构作为金砖开发银行成员国的代理人，需要忠实地履行自身的职责、执行来自上级的指示、在职权范围内从事业务活动。加强对国际组织执行机构的管理，对于实现国际组织设立的宗旨和目的至关重要。对于执行管理制度存在的缺失，金砖开发银行可以从政策规范、风险防控、密切合作着手进行完善。

第一，严格执行业务操作和人员管理政策文件。金砖开发银行已出台多部关于业务操作和人员管理的政策文件，约束规范管理人员和工作人员的行为。规定业务操作的文件包括《项目金融管理与金融经济分析政策文件》《贷款政策文件》《招标政策文件》《环境社会框架文件》《技术援助政策文件》等。这些政策文件涵盖了金砖开发银行业务的基本流程，是业务人员开展业务活动的直接依据。规制管理和工作人员行为的文件包括《商业行为和道德守则》《信息披露政策文件》。这些政策文件适用于包括董事、行长在内的所有管理和工作人员，防范因工作人员违规或者违背职业道德的行为而给银行造成的经济损失或者声誉损害。强化执行机构的管理，离不开管理文件的落实。一方面，金砖开发银行的监督部门需要加强内部监管与控制，防范违规行为发生；另一方面，管理人员和工作人员需增强规则意识，提升职业荣誉感，忠实履行自身职责。但是，强化管理不能矫枉过正，应充分汲取世界

银行设定贷款数额硬指标，迫使工作人员降低审批标准，急于完成贷款审批任务的现象，做到有序推进，稳步落实。

第二，严控金融风险。金融风险通常表现为货币危机、债务违约危机、银行流动性危机、市场危机四种。金融风险可由四种危机单独或者交织形成。防范金融风险需进行全面风险管理。金砖开发银行应进一步强化组织架构健全、职责边界清晰的风险治理架构，明确执行董事会、监督部门、高级管理层、业务部门、风险管理部门和内审部门在风险管理中的职责分工，建立多层次、相互衔接、有效制衡的运行机制，严格落实风险识别 / 分析→风险计量 / 评估→风险监测 / 报告→风险控制 / 缓释的风险管理方法。

第三，强化同借款国、项目所在地基层民众以及传统多边开发机构之间的合作。执行机构是金砖开发银行贯彻设立目的与宗旨，落实经济、金融、环境、社会政策的主要机关。严格执行金砖开发银行的政策文件，遵循业务操作规范和操作流程直接影响项目建设的效果以及项目的社会评价。为确保管理人员和工作人员忠于职守，不存在权钱交易、贪污受贿的情形，首先，金砖开发银行监督机构需要与借款国政府协同配合，严格执行管理政策文件和借款国法律法规，杜绝项目建设、评估过程中违法行为的出现。其次，金砖开发银行需要与项目所在地的民众加强沟通联系，让更多的利益攸关方参与到政策执行、业务监督之中，扩大发展治理参与主体的广泛性，推动执行管理制度的落实。最后，金砖开发银行可考虑加入由世界银行发起的独立问责网络，汲取传统多边开发机构的管理经验，借鉴其防范贪污、受贿、洗钱等违法违规行为的良好实践，更富有针对性地推进业务管理。

本章小结

如果将金砖开发银行视为金砖国家向发展中国家和世界提供的促进善治的公共产品，那么治理结构的有效运转将直接影响着这一公共产品的规模、质量与效益。在善治的视野下审视金砖开发银行的治理结构，可以更加精准地定位不足，并以善治规范属性的作用路径作为参照，更为科学地形成完善对策。

没有制度是尽善尽美的。金砖开发银行需要通过规则化、制度化的手段实现成员国之间的利益平衡、加强公众对于权力的制约监督、推动银行业务政策规则标准的落地实施。实现善治并非一片坦途。金砖开发银行需要与借款国、受项目建设影响民众以及其他利益攸关方实现有序的互动，继而形成以规则制度为基础，确立和认同共同发展目标的合作伙伴关系。治理结构的完善对策需要在运营实践中被检验，并同现有的业务决策和运行制度进行协调，最终为实现金砖开发银行的设立目的和宗旨服务。

第三章　金砖开发银行的贷款制度建设

贷款的初始性权利以及贷款资金的初始性义务，均是由多边开发银行批准决定创造的。多边开发机构之于借款国，其经济上的优势地位表现为法律上对于借款国初始性权利的创造。这种优势使得多边开发机构具备了影响甚至干涉借款国国内事务的能力和机会。金砖开发银行与传统多边开发机构的区别就在于不滥用这种优势，这也是其被称为"新开发银行"的关键。有鉴于此，研究金砖开发银行贷款制度的具体内容，并将其与传统多边开发机构的贷款制度进行比较，可以更为清晰地展现金砖开发银行贷款制度的优势与不足，进而指明其未来的发展方向。

第一节　金砖开发银行的环境社会框架

环境社会框架是多边开发银行进行项目贷款立项和审批时的重要依据，也是评价项目建设及运营效果可持续性的重要指标。环境社会框架涉及项目的环境风险、社会风险的影响评价与评估，也涉及对特定人群或特定问题所设计的发展计划及其实施管理。环境社会框架的表现为多边开发机构董事会通过的政策文件，反映着项目建设的环境评价与环境保护、移民、少数民族权利保护等问题，同时需要行动管理计划、磋商程序、申诉问责机制等规则制度保障实施。作者通过梳理金砖开发银行环境社会框架的内容特征，形成理论架构，再引入金砖开发银行与世界银行的项目案例实践进行对比分析，总结金砖开发银行环境社会框架的优势与不足，继而以此为基础，指明金砖开发银行环境社会框架的发展完善方向。

一、金砖开发银行环境社会框架的内容特征

金砖开发银行的环境社会框架是识别和分析项目带来的环境与社会风险及影响，采取降低风险和减缓负面影响措施的基础性文件。金砖开发银行通过实施环境社会框架力图识别与分析项目的社会影响和社会风险、提出完善项目运营的具体建议、确保项目目标的实现。分析环境社会框架的内容，并总结其特征，有助于深入揭示环境社会框架的目的意义。

（一）环境社会框架的内容

环境社会框架包括环境社会政策和环境社会标准两部分内容。环境社会

政策侧重于展现项目建设引发环境社会影响的规则，环境社会标准侧重于展现衡量项目建设引发环境社会影响的制度。

具体看来，环境社会政策包括项目筛选与等级分类、环境社会评价管理计划、公开磋商、透明度、监控与报告、申诉程序六部分内容。项目筛选与等级分类旨在判定意向项目的类型、规模、地理位置以及潜在的环境社会影响。基于每个项目潜在环境社会影响的程度不同，将项目分成 A、B、C、FI 四类。对于评定为 A 类、B 类的项目，在对其采取社会和环境评估以及行动管理计划时，需要施加更加严格的条件和标准，如环境影响程度判定、原住民安置、选择替代性项目等。环境社会评价管理计划是指针对环境项目的不同评级，由借款方依据本国的法律体系和管理体系形成安全管理政策，采取降低风险和减缓负面影响的措施。公开磋商是指借款方需就项目建设建立公开程序与可能受到项目建设影响的人群进行交流，保证这些人群充分发表意见。透明度和信息披露强调借款方需要以公开、可获得的方式公布环境社会评价文件。监控与报告是指金砖开发银行就借款方是否建立公开磋商程序、保证透明度、执行环境社会管理计划进行事后监督。申诉程序是指借款方可以依据本国的法律规定自主决定建立项目申诉程序。

环境社会标准包括环境社会评估、非自愿移民安置、少数民族保护三部分内容。环境社会评估包括项目初期的风险评估、替代性项目建设评估、影响评估、项目透明度以及申诉机制建设。非自愿移民安置和少数民族保护均包括有效的磋商程序、申诉机制建设、帮助恢复生活、提供必要的协助等内容。移民安置行动计划和少数民族发展行动计划是实现移民、少数民族保护目标，确定具体实施举措的基础性文件。在借款方编制两项行动计划之前，金砖开发银行将告知借款方关于移民、少数民族的政策，并以协助者的角色，帮助借款方完成行动计划的制定与实施。在确定借款方国内的法律政策和管理体系符合金砖开发银行的要求后，也可以直接采用借款方的本国体系进行行动计划的编制实施。

（二）环境社会框架的特征

在开展环境社会评价、制定环境社会管理计划以及申诉程序时，金砖开发银行的环境社会框架，不利用自身在贷款协议谈判过程中的优势地位，强迫借款方接受其制定的标准规则，而是尊重借款方国内法律体系和管理制度，准许借款方自主发展。具体来看，金砖开发银行环境社会框架表现为三个特征。

第一，尊重借款方的"本国体系"。所谓本国体系，是指在环境社会影响评价及风险管理过程中使用借款方国内的法律体系和管理制度。具体包含三方面内容：一是确保严格遵守借款方的国家标准；二是同借款方展开合作改进其国家能力和体系；三是促进对于国际良好实践的知识分享。金砖开发银行在项目征询意见、申诉、争端解决、监督等方面赋予借款方充分的自主权，其以协作者的身份同借款方就改进国内治理状况展开合作，同时作为事后监督者对借款方及项目企业的行为进行监督。

第二，以平等原则为基础制订实施环境社会评估管理计划。金砖开发银行以平等原则为基础同借款方制订环境社会评估管理计划，并由借款方自主决定实施，避免其自身标准的强制适用。这与世界银行等同性和可接受性的标准存在差异。所谓的等同性和可接受性标准指的是，只有在世界银行判定借款方具备制定实施环境社会评估管理计划，并符合世界银行标准的前提下，才可以适用借款方国内标准。世界银行拥有借款方是否满足等同性和可接受性标准的决定权，这与金砖开发银行通过协商的形式与借款方确定适宜的方法进行环境社会评估管理计划的方式存在差异。与世界银行的做法相比，金砖开发银行的行为更能体现发展合作中的平等原则。

第三，以实现可持续发展为目标。为实现可持续发展的目标，金砖开发银行的环境社会框架包含三点内容：一是土地的可持续性。评估项目区域和邻近区域的土地利用可持续性。在可行的情况下，将基础设施项目，特别是涉及土地清理的项目，安置在已被改造或高度退化的土地上。二是生物的可持续性。考虑项目建设对生物多样性的直接和间接影响，例如，栖息地丧失、退化和破碎化、外来入侵物种、过度开发、水文变化以及预计的气候变化影响等。当无法避免不利影响时，采取措施尽量减少不利影响，恢复生物多样性。三是人的可持续性。评估项目建设对当地社区的安全、健康风险和影响，并制定预防和应急响应预案，尽量减少项目对当地社区安全和健康的不利风险和影响。

二、金砖开发银行与世界银行贷款项目比较分析

理论以现实为基础，且能被经验事实所验证。作者拟通过金砖开发银行与世界银行支持的项目案例比较，总结对比金砖开发银行环境社会框架的优势与不足。选取这两个项目案例有两方面原因：一方面，案例相似具备可比性。作者选取了金砖开发银行与世界银行支持的南非基础设施建设项目，这两个项目的建设目的、环境社会影响评价一致；另一方面，案例对比可以反映优势与不足。通过相似案例进行全面对比，可以较为清晰地解释环境社会框架的优劣。

（一）案例引入

1. 金砖开发银行支持南非德班集装箱码头扩建项目

金砖开发银行与南非国有运输集团于 2018 年 5 月签署借贷协议用于支持集装箱码头扩建。在项目立项与项目批准的环节，金砖开发银行依据南非本国的规则标准，就南非的宏观经济状况、借贷企业借贷行为的合法性、内控程序、诚信水平以及履约能力进行评估。依据金砖开发银行的环境社会政策文件，此次扩建活动的环境社会影响被评定为 A 类，即环境有重大影响且影响不可逆的项目。金砖开发银行将与借款方商定环境管理计划，制定缓解措施，确保最小负面影响。南非国有运输集团负责监测并确保环境管理计划的实施，自主决定建立申诉救济机制，同时确保完全符合南非立法要求和金砖开发银行的环境和社会框架。依据南非本国的法律规定以及南非国有运输集团的招标政策，通过富有竞争性和透明的投标程序选择供应商。

2. 世界银行支持南非电力集团可再生能源建设项目

世界银行在 2011 年同南非共和国签订贷款协议，贷款总金额为 655 万美元，贷款用途为用于可再生能源项目建设。依据世界银行的环境社会政策文件，此次项目建设的环境社会影响被评定为 A 类，南非的项目实施和可持续性的制度能力、项目建设与设计能力不足。除此以外，世界银行还对南非的政治与治理水平、部门战略与政策、利益攸关方等内容进行评价，从而决定批准该项贷款。

在项目准备阶段，世界银行充分保障受项目建设人群参与磋商程序，支持受影响人群同政府、企业进行沟通，并邀请环境、劳工、农业等领域的非政府组织参与。在项目实施阶段，世界银行通过技术支持、人员培训等手段参与到项目设计之中，并于 2014 年对于项目开展中期评估，主要评估是否偏离项目建设目标，项目建设进展、资金使用审计、社会经济效益。招标计划经由世界银行批准同意后于 2011 年 10 月实施。同时，世界银行建立了可操作的申诉程序，目的是能使受项目影响人的抱怨得到回应，尽可能不付诸烦琐的正式渠道来解决。具体程序设计如下：受到项目环境影响的任何人都可以通过口头或书面的形式向项目办公室提出申诉，项目办公室应该在收到申诉后两周以内解决；如果申诉人对裁决不满，可以向所在地的专业主管部门申诉，由当地的环保部门审理；如果申诉人仍不满意，可递交人民法院，走民事诉讼程序。

（二）案例实践比较分析

通过金砖开发银行与世界银行贷款项目的准备、立项批准、实施执行的过程，可以形成对金砖开发银行贷款条件性的全面认识。从项目的建设目的上，二者具有一致性，均为带动当地经济发展，增强可持续发展能力。从项目准备开始，二者的差异性便体现出来。

第一，金砖开发银行的贷款审批效率更有优势。金砖开发银行在确定借款方的经济、法律、环境社会政策标准符合银行标准后，即充分赋予借款方自主权，允许其自主进行项目建设、招标、开展环境影响评估。通过赋予借款方自主权，项目贷款的审批效率大幅度提升，从项目立项到批准只花费了不到一年的时间。这对于及时解决借款方的融资困境，满足发展需求具有积极意义。世界银行主导项目建设文件的编制过程，对于借款国的政策环境进行评估，并将贷款资金的使用与项目实施的绩效考核结果挂钩。复杂的贷款条件性内容，使得世界银行的贷款审批周期较长。案例中的项目从准备到批准花费了 7 年时间，这对于及时回馈借款方的经济发展需求极为不利。

第二，世界银行更加注重借款方能力建设。金砖开发银行并未对借款方是否有能力开展项目建设给出结论，也并未通过有针对性的技术援助措施，提升借款方的能力水平。尽管金砖开发银行认可发展经验、良好实践在国际发展领域中的作用，但是并未对"知识银行"建设提出具体的方案。反观世界银行，充分发挥知识银行的作用，利用其在国际发展领域的权威性以及在实践和研究中积累的行业和国别发展知识，加强与利益攸关方的联系，充分听取利益攸关方关于项目设计、资金使用、融资机制建设、公共资金预算管理的意见，增强编制发展方案的科学性，提升借款方协调碎片化融资机制和开展项目建设的能力，改善发展援助的效果。

第三，世界银行的问责机制建设更加完善。金砖开发银行赋予了项目企业建立项目申诉救济机制的自主权，但并未指明申诉救济机制的运作程序和制度设计的具体内容。考虑到案例中的项目环境社会影响被评定为 A 类，属于对环境有重大影响且不可逆的项目，将会直接影响到区域内基层民众和社会群体的生产生活以及居住环境，破坏自然生态。缺乏申诉救济机制，不利于此类人群的利益保护，也可能会引发环境类非政府组织对于"金砖开发银行是否能够坚持贷款高标准"的质疑。与金砖开发银行比，世界银行协助可能受到项目建设影响的人群与政府在项目论证过程中进行磋商，确保其利益诉求得到重视，同时，世界银行设立项目办公室，接受关于项目建设环境社会影响的投诉，力求通过公开透明的程序，加强项目问责。

三、基于案例分析金砖开发银行环境社会框架的优势与不足

金砖开发银行的环境社会框架以借款方环境和社会现状为起点，强调采用借款方的本国体系，允许在更大程度上使用借款方国内的环境管理法规作为项目建设环境要求的基准，为金砖开发银行环境社会框架注入了灵活性，同时也存在着忽视借款方能力水平以及问责机制不健全等问题。

（一）优势分析

金砖开发银行环境和社会框架的优势对于其业务运作的顺利开展，实现组织的宗旨职能具有积极意义。基于对优势的分析，也可以进一步厘清金砖开发银行与世界银行制度设计与建设的差异，反映金砖开发银行的制度创新。

一是金砖开发银行致力于与借款方构建以尊重主权、互利平等为基础的伙伴关系。充分注重借款国的自主性是金砖开发银行制定、实施贷款政策、环境社会政策的重要特征。在环境社会框架文件中，借款方的自主性主要表现为：（1）在项目设计和贷款协议中融入环境管理计划、非自愿性移民计划、原住民计划；（2）自主决定（或与金砖开发银行协商确定）评估、听证、争端解决、信息披露、监管等程序的具体方式；（3）依据借款方国内的法律和金砖开发银行环境社会政策文件的规定，建立听证程序，保障利益攸关方参与，确保信息的披露以及可获得性；（4）借款方对于项目的建设实施进行监督，定期向金砖开发银行报告进展。

二是制定主体与约束对象的一致性。环境社会政策的设计目标在于提升项目的发展成效，通过强调可持续性和负责任的利用资源以及监测评估。世界银行的环境社会政策彰显的是全球的环境利益，在政策形成的背后离不开捐助国和非政府组织的推动，作为一项全球性政策的设计初衷，却在执行上仅对借款国构成约束，造成事实上的不公平。政策约束对象与执行对象的差异性，使得借款方对于世界银行环境社会政策的实施并不积极。金砖开发银行的环境社会政策既体现了成员国的政策偏好和利益诉求，也反映了金砖开发银行的设立目的和运营原则。在政策的约束对象和执行对象上，存在一致

性。即政策由金砖国家及金砖开发银行制定，其约束对象同样为金砖国家。这种一致性将为环境社会政策得到遵守实施创造条件。

（二）不足分析

通过分析不足，可以较为清晰地揭示金砖开发银行制度建设存在的问题，指明金砖开发银行环境社会框架仍需努力的方向，以释放制度潜力，促进组织功能发挥，改善和提升发展合作的效果。

一方面，参与借款方能力建设的作用受到限制。援助对于拥有良好制度和政策的发展中国家经济具有促进作用，对于制度和政策落后的发展中国家影响不大。值得关注的是，借款国国内的腐败状况、司法状况确实会对资金的使用产生影响，制度不健全的国家往往在援助之中继续沉沦。国际组织在提供发展援助时，通常会为增强资金使用的效率和安全性致力于将资金与良好的制度政策挂钩，帮助借款国改善政府治理和投资环境。由于此类做法可能会导致对于借款国内政的干涉，金砖开发银行对此采取了更为稳妥的做法。金砖开发银行同借款方以合作的方式就政府总体战略、部门发展战略、投资优先方向进行评估，在借款方同意的前提下，就借款方本国的环境社会框架、招标政策、金融管理、私人部门参与等议题开展评估。评估的结果将作为是否批准贷款以及借款方能力建设的基本依据。金砖开发银行不直接参与借款方国内政策和制度水平改善，也不采取有效手段同借款方保持沟通互动，及时追踪借款方能力建设存在的问题及最新进展。这使得金砖开发银行在借款方加强自身能力建设中的作用受到限制。同时，金砖开发银行并未像世界银行一样，在借款方不严格执行环境社会框架时，采取惩罚措施，这使得借款方的违法成本低，考验着借款方的自觉性。金砖开发银行赋予借款方在评估、听证、争端解决等问题上更多自主权的同时，金砖开发银行仅负责政策理念和方向的引领。这无疑会考验借款方是否能够善意履行其义务，在项目建设和环境社会可持续发展问题上实现良好平衡。在充分尊重借款方主权的前提下，金砖开发银行仅通过事后监督、听取报告的形式，对于借款方行为进行监管。

另一方面，问责机制建设缺位。世界银行在进行环境社会政策的执行评估时，充分鼓励第三方参与，即独立评价机构、项目当地民众、非政府组织对于项目监督信息的补充和证明。金砖开发银行并未像世界银行一样设立独立于借款国之外的申诉服务机制。世界银行将这一机制作为快速处理因项目建设而受到影响人群的通道。申诉服务机制在功能上是作为以独立检查小组为基础问责机制的补充，其运作的目的是培植各方信任，增强相互理解，在争端解决中发挥对话、调解、获取信息、查明事实的功能。申诉服务机制搭建起民众与世界银行之间沟通的桥梁，可以使世界银行直接取得关于项目建设进展的直接信息，增强了监督和问责力度。对金砖开发银行而言，仅强调自主性，而忽视问责，会增加机构运营风险和项目建设风险，对于提升其运营效率和运营能力是极为不利的。此外，借款国国内的制度能力和管理水平也决定着其能否制定体现可持续发展要求的环境社会政策。考虑到环境社会政策的标准要求较高，其极有可能会考验借款方的制度能力和水平，但是金砖开发银行尚未就加强借款方的能力建设提供可行的路径方案。

四、金砖开发银行环境社会框架的完善

法律的生命在于实施。环境社会框架需要通过管理工作人员忠实履行职责执行，这需要金砖开发银行进一步加强内部管理，同时，金砖开发银行在尊重借款方自主性的同时，还需要协助强化其能力建设，并通过问责机制建设，加强对于借款方执行环境社会框架情况的监督。

（一）加强金砖开发银行的内部管理

标准普尔 2018 年发布的金砖开发银行长期信用评级报告指出：尽管金砖开发银行采用了健全稳健的风险管理政策，但是这些风险管理结构均是新的，大部分未经测试，执行严格的风险管理政策将直接影响其信用评级的未来调整。金砖开发银行建立的环境社会框架，事关项目环境社会风险的评估与分类，对于决定采取风险管理的类型、方式具有重要作用。这些规则标准仍需要由金砖开发银行管理工作人员具体执行。因此，通过加强内部管理和

机制建设，保证管理工作人员忠实履行职责，是保障环境社会规则标准实施的重要保证。

金砖开发银行建立了以《预防与打击欺诈腐败统一框架》（下称《统一框架》）为基础的内部管理框架。《统一框架》主要规制四类行为：第一类，腐败行为，即收受有价值的物品不恰当地影响另一方的行动；第二类，欺诈行为，即故意或者放任一方误导，以获得金融或其他方面的不合理的利益或避免承担责任；第三类，强制行为，即以对一方财产或者人身进行伤害的形式，强迫一方从事特定行为；第四类，共谋行为，即双方或者多方为获取不正当利益而进行的安排。在遵循既有规则标准的前提下，一方面，金砖开发银行可以通过设立专门的腐败制裁机构，加强银行、金融机构、借款国政府、民众的互动联系，加强协作。另一方面，强化外部监督，加强在财务审计、环境影响评估的后期审查等方面的把关，严格设定分批次获得贷款的条件，对管理工作人员的行为进行约束。

（二）"创造性介入"借款方能力建设

"创造性介入"是国际政治上的概念，指的是中国正在从一个"受压迫者"变为一个"负责任大国"，由"国际体系中的边缘位置朝核心角色迈进"。这一反映中国全球定位的概念对于新成立的金砖开发银行决定自身在全球多边开发体系的角色定位具有很强的适用性。聚焦贷款的条件性问题，在尊重借款方自主权与提升贷款使用效率和发展效果之间实现平衡，是金砖开发银行能力建设必须解决的问题。"不干涉内政"仍应作为金砖开发银行创造性介入借款方能力建设的前提，在此基础上，提升能力建设效果需要做到三点内容。

第一，推进知识型银行建设。世界银行早在1996年就提出了"知识银行"建设的口号，追求在新型知识伙伴关系中占据引领地位。在此之后，世界银行着力推动对于发展问题的理论政策研究，开展跨国政策咨询，研判全球经济形势，同时，组建培训部门加强对于发展中国家官员、非政府组织的培训。金砖开发银行可以通过加强对金砖国家宏观经济预测分析，总结金砖国家发展的实践经验，强化金砖国家的人员培训和能力培训，建设具有金砖特色的"知识银行"。

第二，建立互动交流机制。在尊重借款方自主权的前提下，金砖开发银行可同借款方建立定期互动机制，一方面，通过互动机制，对于项目建设进展、资金使用情况、项目建设影响进行及时评估与监测；另一方面，通过互动机制，及时了解项目建设需求，减缓项目建设影响。建立互动机制，需符合金砖开发银行的目的和宗旨，在金砖国家的授权范围之内进行，互动机制可由借款方官员、银行管理人员、项目企业人员、项目所在地社群成员、专家学者组成，以公开透明的方式，就项目建设的进展及遇到的困难展开互动交流，商讨解决方案。

第三，促进规则标准内化。尊重借款方自主权，决定了金砖开发银行无意减损借款方的国内法律制度和管理体系的效力。这一过程使得借款方对于规则标准的遵守成为一种自觉的行为，而非迫于外部的压力或者控制。这种自觉的行为是建构在对于追求自身利益、谋求共同利益的认同基础上。这种规则体系不同于附加条件的外部性规则，需要通过调动借款方的积极性，自觉将金砖开发银行的规则标准内化为国内规则来实现遵守。

（三）完善贷款问责机制建设

金砖开发银行在贷款流程上相对简化，但在问责机制建设上相对保守，从规范借款方活动的角度，仍存在进一步改善的空间。

第一，协助建立磋商程序。金砖开发银行可以协助借款方建立磋商程序，首先，确保磋商程序公开透明，便于让受到项目影响的基层民众可以获得可理解接受的方式知晓，从而表达磋商的诚意。其次，确保磋商程序的广泛性和包容性。充分保障妇女、儿童、老年人以及残疾人在磋商过程中充分知晓磋商内容，参与磋商的实质性讨论，享有充分表达意见和投票表决的权利。最后，确保磋商程序的及时高效。磋商程序应以有效率的形式开展，在不能形成一致意见时，金砖开发银行应充分扮演好协助者的角色，发挥开展斡旋调解、促进共识达成的作用。

第二，建设监督机制。金砖开发银行对于借款方的监督机制尚未形成完善的体系，仍需在监督方式和监督对象上进行细化。对于监督方式，在尊重借款方自主权的前提下，金砖开发银行需要依据贷款协议的内容，从宏观上监督项目进展总体情况，严控资金使用去向和用途，从微观上加强对于项目进展的中期考核，及时跟进项目建设方向。

第三，完善申诉救济机制。申诉救济机制以确保项目影响人的诉求得到及时有效回应。为实现此目的，一是需要明确受理处理申诉的时间和程序，简化申诉程序设计，最大限度提高效率，为申诉人创造便利。二是完善争端解决制度。除了调解、仲裁、诉讼等传统手段以外，还需注重金砖开发银行争端解决制度作用的发挥。三是防范申诉人被打击报复。做好申诉人信息的保密工作，同时建立申诉人被打击报复的反应机制，提升社区民众进行申诉的积极性。

金砖开发银行的环境社会框架准许借款方依据本国国内法律体系，改进和完善自身的制度建设和能力水平，赋予借款方自主执行环境社会框架和招标采购政策、自主决定建立申诉问责程序的权利。在环境社会框架实施的过程中，金砖开发银行以监督者和协调者的身份，通过实地考察、报告评估、事后检查的形式对于项目建设进行监控。

金砖开发银行的环境社会框架在监督问责、提升借款方能力建设等方面暴露出不足。放眼未来，金砖开发银行需要在尊重借款方自主性和注重效率的基础上，进一步加强内部管理，完善问责机制建设，以协调者的身份，追踪借款方在项目建设中遇到的技术与能力难题，通过技术援助，提升借款方能力水平。

第二节　金砖开发银行贷款制度与可持续金融

可持续金融将可持续发展与金融相结合，涵盖环境与社会的可持续发展以及资金的流向和效率两方面内容。2018 年 G20 财长和央行行长会议确立了可持续金融在全球经济治理中的地位，明确了其在促进全球经济增长、实现金融可持续及金融公平中的功能。金砖开发银行通过确立发展可持续金融的目标、建立新型贷款制度、推进金融合作的方式，为促进可持续金融的落地实施奠定基础。同时，经营管理理念、融资制度建设、合作框架设计三方面的问题限制了金砖开发银行功能效用的发挥。未来金砖开发银行可通过完善组织管理架构、明确可持续金融标准、细化合作领域和合作方式三条路径增强发展可持续金融的能力。

2015 年 10 月，联合国环境署（UN Environment）发布《我们所需要的金融体系》的报告指出要将金融与可持续发展有机结合起来。这是可持续金融首次作为专有名词出现在国际组织的话语叙事中。2017 年 11 月，联合国环境署和世界银行联合发布《可持续金融体系路线图》，呼吁各国推动可持续金融体系建设，改变金融业在现代社会中的角色。在联合国环境署、世界银行等国际组织的引领推动下，2018 年 6 月， G20 财长和央行行长会议审议通过了 G20 可持续金融研究小组提交的《2018 年 G20 可持续金融综合报告》，肯定了可持续金融对全球经济增长和公平的意义。至此，可持续金融作为一个新型理念，被纳入全球经济治理的轨道。作为全球经济治理的重要平台，金砖开发银行在发展可持续金融的共同行动中将扮演何种角色？金砖开发银行的现有制度与发展可持续金融的需求存在哪些不相匹配之处，值得深入研究。回答这些问题，不仅有助于促进可持续金融在发展中国家尤其是金砖国家中落地实施，也可以以此为契机，完善金砖开发银行制度建设，促进组织职能发挥以及目标实现。

一、可持续金融的理论基础与金砖开发银行的立场角色

（一）可持续金融的概念与特征

可持续金融是将环境、社会和治理的内容（以下称 ESG）整合到金融市场实践、金融产品设计和金融政策框架之中，并由此导致投资的大规模重新分配以及金融体系调整的金融活动。[1]可持续金融是金融资源开发利用的重要表现形式，也是金融体系升级发展追求的重要目标。以 ESG 为内容的可持续标准可以审视金融资源的开发利用方式是否合理，也可以评判金融发展的理念和价值取向是否正当。从主体范围上看，可持续金融的推进需要发挥金融机构的作用，也离不开政府的保障以及国际组织的国际协调。从内容源流看，负责任投资原则、赤道原则、2030 可持续发展议程等国际软法为可持续金融提供了规范基础。与这些包含 ESG 内容的规范不同，可持续金融注重通过金融资源的配置引导金融体系满足公平包容、环境友好、可持续发展的需求。从存在形式看，可持续金融建立在当代人对金融资源的可持续开发利用的基础上，既不是对金融资源的过度开发利用，也不是对金融资源开发利用不足而满足不了经济发展的需要，而是在经济发展所需与金融资源的合理开发利用之间实现有机平衡。

可持续金融具有三个特征：一是金融发展量与质的统一。量性金融发展表现为金融机构数量和种类的增加，金融资产数量的增长以及金融工具种类的增多。质性金融发展表现为金融资源动员和配置效率的优化提升，金融对经济的渗透性增强以及金融活动的覆盖范围扩大。可持续金融旨在推动金融机构将环境与社会风险纳入其业务投资决策中，在金融经营活动中创新金融

---

[1] Kharas. *Innovations in Implementing the Sustainable Development Goals*[M]. Brookings Institution Press, 2018:200-202.

工具，推动政府形成鼓励性和保障性的政策规则，进而引导社会资源，扩大金融活动的覆盖范围，强化金融机构对于环境和社会治理的参与，促进社会的可持续发展。

二是金融资源的配置效率与社会发展的统一。只有金融资源在各行业间合理配置的情况下，才能最大限度地有效调动社会经济资源。然而真实情况是，由于不同主体的需求和产出能力的差异，金融资源难以在产业部门之间以及产业内部实现均衡分布。可持续金融旨在使金融体系整体与社会环境、经济环境和技术条件相互适应，在金融资源配置比例、结构和数量等方面达到均衡目标水平。

三是金融风险防控与金融产业发展的统一。金融风险防控表现为对金融风险的自我防范能力和风险控制能力。金融机构需要在注重安全性、流动性前提下，通过内控制度建设以及金融资源合理配置，实现盈利最大化。同时，可持续金融要求国际金融机构在金融产品设计、金融信息披露、国际规则创设等问题上增进国际协调，提升国家参与风险管理和金融法律框架建设的能力，促使金融机构完善相关规则制度设计，促进金融产业的可持续发展。

（二）可持续金融的实现条件

金融体系转型的目标是借助可持续金融推动全球经济向着可持续方向发展。为实现这一目标，金融体系需在创造价值、交易金融资产等领域服务于更具包容性和可持续经济的需要。实现可持续金融需要离不开金融资源的合理开发利用以及畅通的金融产业运行机制，同时也离不开市场、国家、国际金融机构三方共同努力。

充足有效的金融资源要求金融产业在遵循自身发展规律基础上合理、适度、适时地开发利用金融资源。金融资源的持续开发利用需要适应经济社会发展要求，既避免人为地压制金融资源的开发利用程度低于当前潜在的可开发金融资源存量，又避免对于金融资源的开发利用失去控制。可持续金融的实现还需要畅通的产业运行机制作为保障，借助机制运行，实现金融资源在各金融机构之间的合理分配，加强不同金融机构之间的相互合作。同时，畅通的产业运行机制还可以在机构内部确立科学的管理规则和管理制度，形成权责明确、产权明晰、管理科学的现代金融企业运行模式。

市场的作用在于将可持续金融作为新的需求导向，金融机构为适应这一新的需求，而将其嵌入机构的发展战略之中。通过市场的引导与调节，金融机构将会转变商业模式和经营动机，从而为可持续金融的发展提供充足的金融产品、金融信息披露以及技术创新等资源。尽管金融经常被视为是实现经济利益的战略工具，但是出于适应可持续的需求导向，金融机构在获取经济利益的同时，也开始追求提高金融资本的道德标准，对社会利益予以关注，致力于相关社会目标的实现和改善。

市场的作用并非万能的，其也可能出现失灵。市场失灵表现为可持续金融带来的外部性影响，加剧金融机构与金融投资者之间的信息不对称，引发金融风险，同时增加实体部门与金融机构之间的协调成本，使得金融机构过多地介入到实体部门的经营管理之中。为防止此类情形的出现，政府的介入尤为必要。政府需要通过担保、补贴、税后减免等多种措施以及监管规则设计分摊控制金融风险，弥补市场调节存在的漏洞。

国际金融机构通过将可持续因素纳入金融基础设施建设之中，有助于绿色资产信用评级和有效定价的发展，为可持续金融发展创造有利的外部环境，继而为绿色金融产品提供长期融资以及技术支持。为了回应国际社会对于可持续金融的需要，国际金融机构还可以同国内金融机构开展金融交易创新，形成新的金融产品，以满足投融资需求，发挥全球知识分享和集聚的功能，促进国家成功经验的分享与推广。

（三）金砖开发银行发展可持续金融的功能

金砖开发银行设立的目标是为基础设施和可持续发展项目提供融资，实现环境和社会的可持续发展。自2015年成立以来，金砖开发银行有60%的资金投向了可持续基础设施建设领域。金砖开发银行认识到经济的快速发展给社会环境造成不可逆的损害，希望运用信贷工具和知识银行建设，促进借款国可持续发展的能力建设，增强借款国应对环境变化的适应性。

金砖开发银行作为政府与市场之间的桥梁纽带，可持续基础设施投资经济回报周期长，潜在风险大，商业资本很少涉足。作为开发性金融机构，金砖开发银行依托其资金优势和机构信誉，在制度不健全和市场失灵的情况下，推进信用建设和制度建设，促进项目的商业可持续运作，帮助政府解决重大亟须的发展难题，在市场上实现政府的发展目标。

金砖开发银行推进与借款国国内金融机构合作，创新融资交易工具，培植良好的信用和市场环境。发展可持续金融依托于金砖开发银行制定的体现可持续发展要求的贷款政策文件和环境社会框架。为了最大限度地尊重借款国的国家主权，金砖开发银行在借贷形式推陈出新，其通过与借款国国内金融机构合作的形式，由后者负责贷款项目的执行以及资金发放，进而将金砖开发银行制定的规则标准通过借款国国内金融机构在借款国付诸实施。

金砖开发银行助力实现 2030 议程可持续发展目标。金砖开发银行与世界银行、亚洲开发银行等国际多边开发银行共同签署了《通向 2030 议程的联合声明》。金砖开发银行通过这份声明承诺愿同其他多边开发银行一道创新支持非主权可持续项目的融资工具，帮助借款国构建更加有利的国际和国内投资环境，加强对于借款国的政策引导和技术援助以支持借款国优化配置国内资源，提升借款国衡量和监测本国经济发展的数据建设能力。

二、金砖开发银行发展可持续金融的制度基础

（一）确立发展可持续金融的目标

《金砖开发银行成立协定》（下称《成立协定》）序言部分指出设立金砖开发银行的目的是为金砖国家和其他发展中国家的基础设施和可持续发展项目提供融资。为实现设立目的，金砖国家在《成立协定》第 4 条第 1 款赋予金砖开发银行利用其资源，通过提供贷款、担保、参股和其他金融工具，支持可持续发展项目的职能。在促进环境保护的同时实现经济增长和就业增

加是金砖开发银行追求的基本价值，也对金砖开发银行带动商业资本和社会资本对于基础设施进行投资发挥引领作用。

从公共产品供给的角度，金砖开发银行发展可持续金融缓解了当前发展中国家可持续基础设施建设面临的融资困境。世界银行 2019 年全年支持基础设施建设的贷款金额为 415 亿美元，难以满足国际社会尤其是发展中国家 1 万亿美元的融资需求。由于缺乏提供长期融资的金融机构，发展中国家需竭尽全力筹措基础设施建设所需要的数十亿美元资金，从而促进国民经济和区域经济增长。发展中国家获取资金尚且困难，更遑论通过基础设施建设实现可持续发展的目标。金砖开发银行等新兴多边开发机构的设立为发展中国家提供了新的融资来源。金砖开发银行将可持续金融嵌入基础设施项目贷款设计之中，不仅有助于解决发展中国家长期融资困难的问题，也有助于发挥金融配置资源的功能，实现可持续发展。

此外，依托金砖开发银行，金砖国家可以发挥自身优势，增强公私合作在基础设施投资中的作用。开展公私合作，促进商业资本、私人资本参与投资是破解发展中国家基础设施融资困境的重要手段。依据世界银行 2019 年发布的报告，金砖五国的私人投资总额分别在各自地区位居首位，是发展中国家中私人资本投资基础设施的领军集团。为了充分发挥和整合金砖国家在私人投资基础设施领域的优势，金砖开发银行将促进与私营资本融资合作纳入总体发展战略（2017—2021），在融资制度设计上高度重视与成员国国内金融机构的合作，积极谋求在联合融资等领域行动共同行动。

（二）建立新型贷款制度

作为可持续金融的早期倡导者，以世界银行、经济合作发展组织为代表的多边开发机构，将可持续金融作为一种政治话语，借助发放信贷的权力优势，通过规则设计融入与发展中国家的发展合作中，意图通过政治和司法体制改革提升发展中国家的整体治理能力和发展水平。实践证明，这类做法并未改善发展合作的有效性。[1]

---

[1] Cisse. Should the Political Prohibition Be Revisited，The Case of World Bank[J]. *World Bank Legal Review*, 2011(3):59-92.

金砖开发银行为发展可持续金融开辟了另一条路径。这种路径以不附加政治条件的贷款为核心，辅助以高效快捷的审批程序以及以环境和社会框架为基础的审查机制。关注项目的金融管理评价、金融分析以及经济分析是金砖开发银行贷款条件的核心内容。这些条件均聚焦于借款国或者借款机构的贷款实施能力、宏观经济发展水平、金融政策环境、项目预期收益等经济性内容，在作出贷款决定时不受借款国政治属性的影响，将经济条件分析作为贷款审批的主要依据。

金砖开发银行的贷款审批效率及时回应发展的现实需求。金砖开发银行在确定借款方的经济、法律、环境社会政策标准符合银行标准后，即充分赋予借款方自主权，允许其自主开展环境影响评估和项目招标建设。通过赋予借款方自主性，项目贷款的审批效率大幅度提升。基于项目案例的实证分析，金砖开发银行的贷款流程从项目立项到批准平均花费不到一年的时间。这对及时解决借款方的融资困境，满足发展需求具有积极意义。而贷款条件的复杂性，使得世界银行的贷款审批周期较长，从项目评估到立项需要花费2年以上的时间，这对于回应借款国的发展需求极为不利。

环境和社会框架提供推行可持续金融的规则基础。这份框架包括环境社会政策和环境社会标准两部分内容。环境社会政策侧重于展现项目建设引发环境社会影响的规则，环境社会标准侧重于衡量项目建设引发环境社会影响的制度。具体看来，环境社会政策包括项目筛选与等级分类、环境社会评价管理计划、公开磋商、透明度、监控与报告、申诉程序六部分内容。环境社会标准包括环境社会评估、非自愿移民安置、少数民族保护三部分内容。环境和社会框架充分借鉴了世界银行、经济合作发展组织的规则实践，将环境、社会效益纳入贷款决策范围。同时，与世界银行等机构不同的是，金砖开发银行环境和社会框架的实施自主权归属于借款国，以借款国国内的法律和政策体系为基础补充环境社会框架存在的不足。

（三）推进与成员国国内金融机构和国际金融机构合作

鉴于气候变化、传染病、生物多样性问题的复杂性，单靠某个国家或者国际组织难以完成构建全球可持续金融体系的责任，开展国际合作成为现实问题面前的必然选择。国际组织通过开展与其他国际组织、国内机构的合作，不仅有助于保持国家金融体系向可持续发展转向的连续性，也有助于形成全球协调一致的规则，放大可持续金融在全球、国家、市场三个层面的效率和有效性。《成立协定》赋予了金砖开发银行加强与国际多边开发银行、国内金融机构合作的职能。自成立以来，金砖开发银行通过颁布政策文件、签署合作备忘录、开展联合融资等方式同其他金融机构开展合作，以期减少基础设施和可持续项目建设融资缺口，增强抵御可持续金融产生的风险的能力。

金砖开发银行将加强同成员国国内金融机构合作作为贷款业务的重点方向。金砖开发银行在2015年颁布了《同国家开发银行建立伙伴关系的政策》，用以指导合作推进。该政策文件包括引言、适格主体、合作领域、合作形式、政策评估五个部分，将国有银行和加入金砖国家银行间合作机制的银行作为合作的主体，通过联合融资等多种形式投资基础设施和可持续开发项目。截至2020年4月，金砖开发银行已经通过此种方式，发放5笔贷款，用以支持成员国可持续项目建设。借助可持续项目贷款实践，金砖开发银行可以增强发展可持续金融的知识储备和科学经验，为成员国金融体系转型以及应对转型过程中产生的风险提供支持。

金砖开发银行积极同世界银行、亚洲开发银行、欧洲复兴开发银行、欧洲投资银行等国际多边开发机构签署合作备忘录，用以开展可持续项目联合融资。以金砖开发银行与世界银行的合作备忘录为例，二者就探索和寻求项目融资合作机会、促进知识交流、追求财政管理合作机会达成一致。同时，金砖开发银行与世界银行等国际多边开发机构推动全球发展治理的可持续转向，联合倡导将基础设施和可持续发展项目融资、城市化以及气候融资和私人投资作为解决2030议程关键问题的重点领域。

三、金砖开发银行发展可持续金融的制度不足

（一）经营管理需强化可持续理念

可持续金融的实现不仅要求其作为理念指引金融机构行为，还要求金融

机构通过制度设计将这一理念融入投资决策和业务实践中。金砖开发银行的理事会、董事会以及以行长为核心的管理层是可持续金融理念的实际执行者。依据"职能性原则"，这就要求三个机构不仅需要把可持续金融作为经营管理理念，还需要在融资决策和业务运作中建立推行可持续金融的制度和配套政策。然而，《成立协定》没有明确可持续金融制度建设的主体，也没有规定可持续金融制度建设的具体内容。从默示授权的角度看，金砖开发银行赋予了董事会批准发展战略、设定业务程序的职能，暗含将可持续金融制度建设的权力授予董事会的意思。结合董事会通过的《金砖开发银行总体发展战略（2017—2021）》的内容，可以发现可持续金融作为一项新的融资原则被纳入金砖开发银行的未来发展规划。然而，无论是以透明、诚信和问责为内容的日常管理理念，还是维护金融稳定的业务运营理念，均没有吸纳可持续金融的内容。

理念的执行还需要考虑到上下级机构之间的协调行动。以行长为核心的管理层既是董事会意志的执行机构，也是与借款国直接开展交往的业务机构。在缺乏可持续金融理念引领的情况下，管理层的理念认知和价值观将不可避免地影响与借款国的业务交往和决策。同时，由于缺乏对可持续金融内涵和外延的界定，执行部门在贷款项目选择、风险评估的过程中缺乏可遵循的标准，在认知上容易产生偏差。而以董事非常驻、定期会议做出决策的董事会运作模式，对于管理层的工作缺乏有力领导，增大了因可持续理念认知不一致导致业务审批僵局的可能。这不仅会影响机构的运转效率，还会使借款国融资的目标落空，破坏金融机构的形象。

（二）可持续融资欠缺配套制度支持

金砖开发银行的主要业务领域包括可再生能源、污水处理及土壤修复项目。这些项目相较于传统项目，投资回报率低，对于改善此类项目经风险调整后的回报和建立正外部性货币化机制的要求高。金砖开发银行缺乏将外部性风险内部化的机制，也没有建立适当机制将可持续项目的正外部性转化为货币收益。

金砖开发银行的环境社会框架作为贷款合同的条款之一，对于借贷双方具有法律约束力，但是环境社会的具体政策与标准却是"因项目而异""一国一策"。贷款方缺乏统一的可持续金融项目和资产认定标准，为借款国依据本国特点来定义可持续项目创造了便利。但是，如果定义太多，一方面会增加金砖开发银行在不同国家和机构之间的比较成本；另一方面会割裂融资制度的完整性和统一性，影响普遍适用标准的确立。

金砖开发银行的环境社会框架要求借款方承担信息披露真实性的责任。此举是金砖国家发展阶段、产业结构和资源环境政策体系差异下做出的无奈选择。这种转嫁信息收集责任的做法可能会带来一系列问题。第一，作为投资者的金砖开发银行不能实地了解被投资企业的环境信息（碳排放量、能源消耗等），也就无法对于投资风险进行科学评估，难以保证贷款资金的安全。第二，借款国国内政府部门的数据共享能力不强，环境部门与金融部门之间缺乏信息共享，加剧了投资者与被投资者之间的信息不对称。第三，将绿色技术是否具有商业可行性纳入风险管理之中，会有效避免因新兴技术的不确定性带来的投资风险。然而，金砖开发银行的风险管理政策偏重事前审查和事后监督的阶段性管理，缺乏对于不确定性风险的纳入管理。

（三）金融合作忽视关键性问题处置

金砖开发银行同成员国国内金融机构合作缺乏对于利率问题、配套资金问题以及期限错配问题的应对。具体而言，金砖开发银行与国内金融机构通过转贷业务的形式实现合作。对于转贷利率，金砖开发银行实行的是盯住伦敦银行同业拆借利率，贷款利率根据利息支付日期，每6个月进行重置。中间金融机构为了自身健康发展和增强信贷风险的承受能力，必须对项目收取足够的利差。但是，接受贷款的企业在承受市场风险和自负盈亏方面的能力还比较脆弱，同时由于可持续开发项目前期投入较大，潜在风险高，这使得中间金融机构的转贷利率偏高，制约了转贷业务规模的扩大。

在流动性要求较高的资金供给和长期项目融资需求之间进行期限转换是金融体系的重要功能。鉴于可持续金融项目的资金投入量大、回报周期长，由于期限错配问题容易导致投资不足，因此在开发性金融之外，还需要充足的配套资金提供保障。当前，成员国国内金融机构的配套资金主要来自政府的财政拨款和银行的自有资金，商业资本、社会资本出于回报周期和风险预期的考量，投资参与可持续开发项目建设的意愿不足，金砖开发银行尚缺乏有力的金融创新工具应对资金错配的问题。

金融机构对因环境因素可能导致金融风险的认识还处于早期阶段。提高分析能力，识别和量化其持有资产所面临的由环境因素引致的信用和市场风险是金融机构面临的共性挑战。金砖开发银行与世界银行等国际金融机构需要进一步细化合作领域，通过建立分析环境风险的模型和方法，增强对于环境风险的科学认识和防控能力，维持投资活动与环境风险的动态平衡。

四、金砖开发银行发展可持续金融的制度完善

（一）完善环境社会风险管理组织架构

可持续金融要求金融机构以可持续发展为目标，将 ESG 议题纳入投资分析和决策，指导发展政策制定与实践。为实现这一要求，金砖开发银行需要综合考虑可持续金融与管理层观念的融合、设置专职机构和咨询机构以及组织文化培养三大问题。

首先，强化管理层在治理结构中的职责与作用。在董事会作为非常驻机构开展工作的情况下，金砖开发银行管理层对业务决策和政策实施的影响会进一步增强，确保管理层将与项目有关的环境信息纳入项目选择和审核环节，不仅有助于及时为可持续基础设施项目提供资金，也有助于树立勇于承担社会责任的形象。为此，金砖开发银行需要高度重视对于管理层在落实可持续金融问题上的监督与约束。一方面，适时修订《董事会成员行为准则》和《商业行为和伦理守则》，将发展可持续金融作为管理层的职责内容，加强董事会对于管理层履责行为的监督；另一方面，细化关于管理层权力运用的规定，要求管理层在处理受项目影响社群的申诉时，应综合考量项目对于 ESG 的潜在影响，审慎作出决策。

其次，成立 ESG 专门咨询委员会。专门咨询委员会相较于专门执行委员会，具有科学性和专业性强、责任集中、行动一致性强等优势，能够为董事会决策和管理层行动提供有效的办法。以当前的组织结构框架为基础，金砖开发银行可以设置与风控部门平行的咨询委员会，负责环境和社会评估报告审查，核实项目监测信息，评估绿色技术风险。为保证独立性和公正性，咨询委员会在管理关系上直接隶属于董事会，定期向董事会汇报项目审查情况，从而对管理层权力形成制约，促进 ESG 理念的落地生根。

最后，促进以可持续为导向的组织文化培养。金砖开发银行的董事会和管理层需坚持将可持续金融作为长期战略，持续加大对绿色环保行业的资金支持，有序压缩、停止不符合绿色发展要求的金融支持，不断完善绿色金融相关的风险管理政策，评估相关项目时，综合考量 ESG 因素，与政府、企业一起形成绿色发展的广泛共识和文化氛围。

（二）明确可持续金融实施标准

为了改善可持续基础设施项目经风险调整后的回报，金砖开发银行需要完善环境外部性风险内部化的机制。机制的运行程序为：金砖开发银行提供项目的初始资金，作为一级损失档的资金，优先用于偿付可能出现的损失；借款国设置与初始资金相应规模的基金，作为二级损失档的资金；私人投资者补足项目建设的剩余资金，作为三级损失档的资金。在赋予私人投资者优先受益和劣后清偿权利的同时，金砖开发银行以优先债权人地位、外汇兑换偿付优先的权利扮演了为可持续基础设施项目增信的功能，为项目融资获得合适的期限、利率条件以及信用评级奠定了基础。

构建技术分类系统对"可持续"进行界定，为资产定价、风险评估奠定基础。首先，可持续分类体系需同时符合《巴黎协定》《联合国可持续发展目标》的要求，以减缓气候变化和实现公平发展为目标，识别资金配置的领域。其次，结合金砖国家的政治共识和国内实践、相关技术专家和市场参与者的意见，确定分类的定义、筛选条件标准以及衡量方法。最后，促进可持续分类用于金融监管标准的设定，实时监测分类的实施运用情况，减弱环境因素造成的不确定性风险。

完善关于环境和相关金融风险的自愿披露制度。借鉴赤道原则、气候相关财务信息披露组的做法和实践，重点吸收借款人信息披露和资产信息两方面的制度内容。一是加强金砖开发银行与借款国政府部门的合作，改进环境信息披露的程序和市场纪律，增进对项目企业的资质、财务状况的尽职调查，增强项目实施可信度。二是将气候变化等物理因素和政策、技术变化等转型因素纳入环境风险分析过程，与借款国合作更高效、集中地收集数据资源，为资产定价和风险管理创造条件。

（三）细化金融合作制度框架

解决期限错配问题关键在于通过恰当的融资工具解决长期项目的资金需求。金砖开发银行可以通过与借款国国内金融机构合作，通过发行绿色债券，发行以绿色债券为抵押的证券化产品，以绿色项目的未来收益为支持发放抵（质）押贷款来解决。金砖开发银行已在中国银行间债券市场发行以人民币计价的绿色债券，并计划在俄罗斯和巴西国内资本市场发行绿色债券。金砖开发银行可以在绿色债券的定义与分配、信息披露准则、培育合格的绿色债券第三方认证机构等方面为成员国提供支持，也可以与成员国国有银行合作，作为基础投资者或示范发行方支持绿色债券发行。

促进金砖开发银行与世界银行等多边开发机构在环境和金融风险领域的对话，增进金融部门开展环境风险分析方法与风险管理方法的交流，提升对于环境风险的认知度。同时，借助可持续银行网络，促进国际可持续银行实践的分享，增强包括银行首席执行官和风险官在内的能力建设，促进将 ESG 纳入投资决策全过程。此外，由于各自宗旨和职能范围的不同，世界银行对于绿色资产的认定标准、通用指标、透明度和信息披露要求带有明显的"强制性色彩"，这与金砖开发银行所倡导的"本国体系"理念存在冲突。二者在尊重双方理念的前提下，注重探究环境分析方法上的共同利益，寻求在项目环境成本 / 效益评估、风险分析和绩效评估等领域的合作。

本章小结

注重环境保护与社会发展的统一是金砖开发银行贷款制度的核心内容。实体上，金砖开发银行贷款制度不对借款方的治理水平、司法状况和制度建设水平进行评估；程序上，相对简化，遵循"本国体系"（country system），由借款方依据本国国内法律体系和金砖开发银行的原则性标准自主负责环境和社会框架执行、招标采购、申诉程序建设实施。

发展可持续金融需要市场、政府、国际组织三方的紧密协作。作为开发性金融机构的金砖开发银行，恰好能够发挥培育市场信用体系、增强国家能力建设、促进国际组织相互合作的功能，为发展可持续金融，促进金融体系向可持续方向转型发挥作用。当然，现有的组织管理机构和制度建设限制了金砖开发银行作用的发挥。在未来，金砖开发银行可以通过内部组织机构改革，将可持续理念融入经营管理和运营实践之中，培育以发展可持续金融为内容的组织文化，同时借助与成员国国内金融机构的合作，完善对可持续的定义，在成员国之间形成可行的项目和资产认定标准，持续深化同世界银行等多边开发机构在风险分析与管理方法之间的合作，增强防控环境风险和金融风险的能力。

第四章　金砖开发银行建设对全球金融治理体系的影响

在《德里宣言》中，金砖国家强调探讨建立金砖开发银行的可能性，并作为对现有多边和区域金融机构促进全球增长和发展的补充。其不挑战或颠覆现行秩序的原因主要是由两方面决定：一方面，金砖开发银行尚不具备颠覆现行秩序的能力；另一方面，金砖国家没有颠覆现行秩序的意愿。将金砖开发银行视为对于现行国际秩序的挑战和颠覆，反映了西方一直以来的优越性的思维。在以美国为代表的西方看来，只有它们能够代表世界的未来，作为其他国家发展的标杆和价值走向的灯塔，跟随西方、同化非文明国家是其道德使命和国家责任。金砖开发银行的设立不是对现行国际秩序的颠覆，而是金砖国家为应对"全球金融治理"失灵，促进全球金融治理完善而作出的积极努力。

第一节　国际组织提升国家国际话语权的理论引入

一、国际组织提升国家国际话语权的理论逻辑与反思

话语权从字面含义上理解可以分解为"话语"和"权"两部分内容。话语是行为主体发出的语言，是意图产生特定目的和效果的社会交往活动。平等交流是话语的本质性特征，但是基于话语主体的偏好，又可能产生倾轧、掩饰等消极作用，进而出现话语霸权。权是话语权的外在表现形式，以福柯为代表的学者将权解释为"权力"，体现为话语主体通过话语的生产、话语内容的设计、话语效果的保障将话语权的效用，塑造出一种以话语权为基础的利益关系。

回答国际组织如何提升国家国际话语权的问题，在理论上存在两种解读：一种是"权力—制度—观念"的逻辑，即国家权力尤其是主导国权力塑造国际组织，并通过多边条约的形式将制度设计和制度运行的规则、程序加以固定，增强国家意志和国家利益投射的合法性，巩固和延续国家的国际话语权。在这种逻辑下，主导国的权力和对国际组织的支持能力，将直接决定国际组织提升国家话语权的能力。主导国对国际组织的支持有助于实现组织职能，实现设立目标，也有可能利用在决策和运行制度中的优势，对国际组织决策施加影响，进而影响制度性话语权实现的方式和效果，使国际组织成为推广价值观、实现战略目标、追求经济利益的工具。另一种是"观念—权力—规范"的逻辑，即国际组织一经设立便具有独立性，拥有独立于成员国的权力，这种权力除了来自基本文件的授权外，还包含为实现职能所必要的暗含权力。

国际组织的权力运行受到国际社会中占据主导性地位观念的支配，而占据主导性地位的观念往往来自主导国际组织的国家，这种观念的影响借助国际组织制定通过的法律文件促进国际法律规则的创设与发展，实现对其他国家行为的调整，达成提升国家话语权的目的。

两种理论反映了国际组织与提升国家话语权关系中的复合型特征，这种复合型受到国家权力和国际组织自主权的双重影响。但是两种理论对国际组织提升国家话语权的解释仍然不充分。一方面，既有理论以西方中心主义的思维逻辑为基础，反映着发达国家对国际秩序和国际规则的理解。当前发展中国家也开始主导建立国际组织，并在制度理念、制度设计和制度运行中呈现出不同之处，这使得无法简单套用西方化的理论逻辑来解释发展中国家的行为。另一方面，既有理论的生成思潮建立在新自由主义盛行的时代背景下，未能反映在多极化趋势加强、逆全球化趋势涌现、多边主义衰退的背景下国际组织提升国家话语权的作用机制、面临的阻力挑战以及应对路径等问题。因此，站在发展中国家的立场，以批判国际法为视角，可以洞察当前的国际组织与国家话语权理论仍然体现为西方国家主导下的叙事范式，其理论目标也是为实现西方国家的权力和利益。在以中国为代表的发展中国家通过"建制"的形式推动全球治理体系改革和建设的情形下，有必要从理论角度对发展中国家建设国家组织，提升国家话语权的行为进行解释，以实现国际组织理论的自主创新。

二、引入"国际组织法—国家"的研究视角与分析框架建构

国际组织法从概念上是指用以规范、调整政府间国际组织建立和运作的所有原则、规则、章程和制度的总和。这些规范固然是实在的、彼此独立的个体，又具有不可否认的共性，共同组成国际组织法这个整体。主张宪政主义、全球行政法等理论的学者研究了国际组织法对国际组织的权力限制及公民权利保障问题，对涉及国际组织法与国家国际话语权提升的关系分析有待深入。引入国际组织法—国家的研究视角，一方面，从国际组织法的功能性出发，揭示国家建立国际组织，提升国际话语权的内在动力和实现路径；另一方面，

从国际组织法的规范性出发，阐明国际组织提升国家国际话语权的作用机制、困境挑战及发展进路。这一视角考虑到了国际组织与国家国际话语权研究的主体性问题，借鉴既有理论中关于国家权力与国际组织、国际组织自主性研究，区分主导建立国际组织的国家理念、制度的差异，形成不同于西方中心主义的研究路径。

根据国际组织法—国家的研究视角，国际组织提升国家的国际话语权受到国家权力和国际组织自主性的影响。造成这一影响的根源在于国际组织是由国家设立的，有限的、派生的国际法主体。国际组织的权力源自主权国家的授予以及组织自身基于"职能性原则"对权力进行的解释。基于此，国际组织提升国家话语权以国家权力和组织自主性为两个变量，呈现出四种现实状态。在国家尤其是主导国出于"私心"使用其在国际组织中掌握的权力时，国际组织的作用会呈现出消极影响的一面，不仅影响国际组织的自主性，也会对其他成员国、国际社会产生不利影响。在主导国出于"公信"运用权力时，则会发挥国际组织的积极效用，为国际社会提供更可及的公共产品。同理，国际组织自主性也存在此类问题，如果国际组织在自身的职能范围内运作，则会发挥积极效用，反之如果超越职能范围，则会对国际社会产生不利影响。国际组织法构成了主导国国家权力和国际组织自主性发挥作用的中间媒介。借助国际组织的内部和外部法律制度的作用，可以为提升国家国际话语权的行动提供合法性依据，表现为两方面内容。

一方面，依托国际组织内部法律制度的转化效果，间接调整成员国的行为。国际组织内部法律制度指的是内部运作中适用的一般性法律原则、规则和章程，包括组织的基本文件、决策和投票程序、内部管理制度等，通过颁布约束和调整组织内部人员行为规范的方式，间接地产生外部影响，如世界银行贷款政策文件将非国家主权担保的金融机构、非成员国借款排除在借款主体之外，同时通过对资金发放、使用、环境和社会框架的条件和程序进行规定，为借款国订立和履行贷款协议提供稳定预期，进而对借款国调整自身行为产生影响。此外，世界银行还通过将《紧急贷款政策文件》的规定纳入贷款协议，赋予借款国贷款义务，促使借款国依据贷款协议的规定遵守相应的义务性要求，这就实现了通过国际条约的形式对成员国行为进行调整的转化效果。

另一方面，借助外部法律制度的实施，国际组织可实现与成员国、国际社会的广泛合作，围绕具有共同利益的事项开展合作行动，为国际社会整体利益的实现提供助力。外部法律制度指的是国际组织与成员国在内的其他国际法主体交往过程中所形成的法律制度，如组织的监督实施机制、国际组织责任等问题。值得注意的是，在多边开发银行运营的领域，外部法律制度的实施可能会带来消极的后果，造成责任的"单边性"。依据一般国际法，国家需对其国际不法行为引发的法律后果承担责任。而世界银行的话语叙事使"话语对象"陷入了要为自己"失败"承担责任的话语陷阱，尽管这种责任在世界银行等国际组织的语境下是"道德性的"，但却会在贷款资金分配、贷款条件性设置时使话语对象国成为需要为其政策及能力负责的责任主体。

因此，对国际组织提升国家国际话语权的理解包含主导国权力和国际组织自主性两方面。国际组织法构成了主导国权力和国际组织自主性影响国家话语权的媒介。国际组织法自身的价值导向、权利义务设定将会对话语权的行使效果产生直接影响。必须指出的是，国家权力和国际组织自主性并非割裂的关系，二者的彼此协调构成了国际组织提升国家话语权的合法性，从而为国际组织发挥其职能，实现功能目标，促进国际合作提供保障。同时，国际法的结构不确定性也影响到了国际组织法律制度的生成，使法律规则的内容反映国家间的政治斗争，体现强国的利益偏好。而以中国为代表的发展中国家意图借助金砖开发银行等国际组织的建设形成体现自身理念和诉求的法律规范、政策目标和社会语境，使国际秩序向着更加公正合理的方向演进。本文将以金砖开发银行建设为例，对国际组织与国家话语权的提升问题进行进一步解释。

三、分析框架在金砖开发银行中的适用

金砖开发银行的法律制度在内部和外部两方面对全球金融治理体系产生

影响，而这种影响又会体现在多个层次。

第一，提供了新的制度设计和治理理念。如上文所言，虽然有规定，以世界银行为代表的原有开发银行的成员都不得对各会员国的政治进行干预，各成员国不得干预世界银行的一切决定。但是，世界银行的管理决策一直被美国英国日本等少数金融大国所掌握，发展中国家的诉求难以得到重视。这一点促成了以金砖开发银行为代表的新兴开发银行的成立，并对其制度设计产生了深远影响。

以金砖开发银行为例，在金砖开发银行的制度设计中，500 亿美元的初始认缴资本由五大创始成员国均摊，这种制度安排平衡了金砖国家之间的权力，避免了各国权力不等的矛盾冲突。但是权力的过分均等又会导致主导权的分散，这在世界银行、亚洲开发银行、非洲开发银行等原有的开发银行中都没有出现。

原有的多边开发银行的成员国股权份额是不同的，例如，世界银行中美国为最大股东，拥有 15.85% 的股权；亚洲开发银行中美国和日本同为最大股东，分别拥有 12.78% 的股权；欧洲复兴银行中美国为最大股东，拥有 10.17% 的股权；非洲开发银行的最大股东为尼日利亚，拥有 9.27% 的股权。比起出资多权力多的方式，同等的话语权不仅体现着更为民主和平等的精神，而且也有利于化解大股东阻碍银行重大决策（增资等）的可能。当然这种方式也可能出现出资能力最小的成员国会牵制银行整体资本金规模的问题。

另一方面，在治理理念上，作为新兴多边开发银行的创建者的新兴经济体在经济治理理念上也与西方存在差异，强调民主政治和完全自由开放市场为基调的"华盛顿共识"将不再作为这些新兴多边开发银行的原则性指南。这将在一定程度上推动国际金融治理理念的民主化、多元化。例如，金砖开发银行在重大问题的决策上体现了实用主义的精神。理事会作为金砖开发银行的最高权力机构，首任理事会主席由俄罗斯人担任；董事会作为经营决策的核心组织，首任董事会主席由巴西人担任；而当初因为金砖开发银行的总部落户问题，中国与印度都有意让其总部落户本国，最终双方也达成妥协。金砖开发银行的总部最终落户于具备政治与经济环境更为稳定、基础设施更为完善的上海。金砖开发银行的首任行长则由印度人担任。副行长以及首席财务官则来自南非，并且金砖开发银行首个区域中心——非洲区域中心也落户南非。而世界银行的总部位于美国华盛顿，历任行长也都为美国人，可以看到，这是完全不同于传统的西方大国把持下的多边开发银行的治理理念。

第二，一定程度上解决经济格局与金融权力之间错配的问题。不得不说，现有的全球金融治理体系不能充分反映各国经济实力的增长变化，尤其是未能及时反映新兴经济体崛起的现实。

近年来，以中国、印度、巴西等发展中国家为代表，一大批经济资源禀赋不同、政治与社会参差多态的国家，在一个大致相同的时期、以大致类似的和平贸易方式、以相当可观的速度和规模推动工业化和现代化。

这些国家通过持续迅猛增长加速改变国际经济力量格局，并缩小与西方国家在技术水平和经济质量上的差距。1980 年，新兴经济体以购买力平价（PPP）计算的 GDP 占世界比重为 36.2%，发达市场占 63.8%。20 世纪 90 年代开始，发展中国家和新兴经济体 GDP 规模呈现上升趋势，而发达国家整体呈现下降趋势。2002 年，发展中国家和新兴经济体 GDP 比重首次超过 G7。尤其是 2008 年金融危机后，美欧等发达国家经济力量被削弱，而包括中国在内的新兴经济体在全球经济中的分量日益凸显。按照购买力平价测算，2009 年，新兴经济体占全球 GDP 的份额由 2008 年的 48% 升至 51.87%，首次超越发达经济体，成为全球经济的"火车头"。在二十国集团、气候变化问题峰会、国际货币基金组织改革、金砖国家峰会等场合，新兴国家与西方国家有力博弈，显然已经充分意识到当前经济格局与金融权力在内的其他国际权力之间的错配问题，并开始有能力争取这些权力。

而争取金融权力，无外乎两种方式，第一种是在原有的国际金融组织中获得更多的话语权。但很显然，既得权力者并不会轻易将手中的金融权力拱手让出，早在 2010 年，改革方案就提出将国际货币基金组织决定的配额增加 1 倍，并将向发展中国家和新兴市场转移约 6% 的份额，以提高该组织的有效性和公平性。然而，2014 年美国国会未通过国际货币基金组织这一增资协议，新兴经济体遭受严重打击，对于 4 年前提出的份额改革和治理方案没有得到落实感到非常失望。而第二种方式则是另起炉灶，成立新的国际金融机构，以此增加自己在国际金融领域的影响力。

第三，有利于弥补多边贷款基础设施领域的融资缺口。受到华盛顿共识的影响，世界银行在所有贷款流向的部门中，公共管理、司法和法律一直是占比最大的。可见其更倾向于培育法治环境、公共部门治理能力等"软件设施"，而在一定程度上忽视了硬件基础设施的建设。

目前，大部分的资金需求都来自基础设施投资部分。由于基础设施投资以公共产品为主，其投资回报利润有限，且投资周期较长，因此发展中国家特别是财政收支偏紧的国家，主要通过来自多边开发银行的优惠贷款项目来解决资金筹措问题。而原有的多边开发银行能够提供的贷款有限，远远无法满足基础设施投资的需求。

以亚洲为例，根据亚洲开发银行的报告，2010—2020 年，其成员国的基础设施投资年均需求额达到 8200 亿美元，其中，成员国自身能够提供大约 4000 亿美元，世界银行、亚行等原有的国际性开发机构以及其他发达国家只能提供不超过 200 亿美元的贷款，资金缺口接近 4000 亿美元，远远无法满足亚洲地区发展中国家基础设施建设每年的需求。

另一方面，金砖国家，尤其是中国积累了巨额外汇储备。截至 2020 年，中国的外汇储备为 32360 亿美元，高居世界第一。俄罗斯、印度、巴西三国的外汇储备皆在 3000 亿美元以上，分别位列世界第七、八、十位。很显然，新兴经济体拥有巨大的资金来提供贷款，特别是资本雄厚的中国将能填补基础设施融资的很大一部分缺口。

第二节 法律制度运行对全球金融治理体系的影响

为追求和平、安全、发展和合作的宏伟目标和愿望，金砖国家在2007年作为整体登上了国际政治经济的舞台。10年来，金砖国家矢志发展经济，改善民生，沿着符合本国国情的发展道路共同走过了一段非凡历程。在历次领导人会晤的推动下，金砖国家致力于协调行动，构建起全方位、多层次的合作体系；金砖国家坚持发展事业，秉持多边主义，共同推动建立更加公正、平等、公平、民主和有代表性的国际政治、经济秩序。践行金砖 + 模式，加强与发展中国家的对话合作业已成为金砖国家合作的重要共识。作为构筑金砖国家合作机制的重要成果，金砖开发银行也得益于金砖国家务实合作的深入开展而迅速发展壮大。

致力于实现全人类的共同利益。在阐述强行法的概念时，国际法委员会委员 Verdross 写道：在一般国际法领域，存在一类规则具备强行法的特点，这类规则在事实上不是满足单个国家的利益，而是满足国际共同体的更高利益。国际法院关于《防止及惩治种族灭绝罪公约》保留问题的咨询意见中同样指出：在该公约中，缔约国所代表的不是其本国的利益，而是所有人的共同利益。怀特在其文章中将"以扰乱为目的的经济战、针对世界的银行体系、针对世界的货币"作为强行法内容予以列举。[1] 金砖开发银行将为新兴国际市场和发展中国家的基础设施和可持续发展融资作为运营宗旨，凸显了其以发展为导向，采取可持续性的消费和生产模式，消除贫困、促进发展中

---

[1] Marjorie M. Whiteman. Jus Cogens in International Law with a Projected List[J]. *Georgia Journal International Law & Comparative Law*, 1977(7):626.

国家发展。同时，金砖开发银行并非颠覆现行国际金融秩序，而是在现有秩序的基础上补充和补足，这体现了其对于全人类利益的维护，以及造福全人类安全、发展利益的根本宗旨。

促进平等、包容、可持续发展等国际法原则的规则化。金砖开发银行奉行平权决策的治理模式，这一治理模式体现了制衡性的控制权结构，降低了利益侵害成本，实现了不同成员国之间的利益均衡。金砖国家经济发展水平、产业机构方面的异质性导致了其投融资需求存在差异。针对需求的差异，金砖开发银行形成了多种不同的融资模式，以应对具体的差异需求。金砖开发银行秉承平等互利的原则，追求经济发展合作中实质上的平等，在融资模式、贷款业务中，尊重借款国自主权，不干预借款国的政治事务，推进国际法由"消极国际法"向"积极国际法"转变。金砖开发银行积极同《2030 年可持续发展议程》对接，遵循这一国际文件的要求，促进其实施，金砖国家也积极落实进展报告，积极履行国际合作的义务，践行金融包容理念，推进发展公平。

构建合作共赢的全球伙伴关系。2016 年，金砖开发银行第一届年会期间便开始讨论扩员问题，2017 年，新德里年会期间宣布有望在 2018 年实现扩员。2017 年，金砖开发银行发布了接纳新成员的文件，对于新成员国的条件、申请批准流程进行了规定。金砖开发银行实现扩员是对于金砖 + 模式的最有力的践行，对于推进其在国际秩序变迁中发挥更大作用创造了条件。金砖开发银行扩员是将伙伴关系法律化的一种形式。伙伴关系作为国家政治关系中的一种，具有强烈的主观性和不确定性。将伙伴关系法律化则会使这一关系变得更加确定，通过规则的形式进行外在规制和调整。《成立协议》规定金砖开发银行需秉承开放性原则，对于所有联合国会员国开放。扩员将使得金砖开发银行更富代表性，为发展中国家和最不发达国家利益发声的合法性将会进一步增强。同时，如果以新兴市场经济国家作为扩员的对象，也可以有力地回击国外学者关于"金砖五国成为新的金融寡头"的论调。

全球金融治理体系变革是一个长期的过程，其不是对于现行国际金融法律秩序的完全推翻，而是在现行法律制度框架内进行补充与完善。全球金融治理体系的变革离不开国际金融法律关系参与主体在造法、守法、执法过程中努力，也离不开各主体之间的相互配合。金砖开发银行作为发展中国家组建的国际金融机构，始终强调尊重发展中国家各自选择的发展道路，理解和支持彼此利益，平等团结，开放包容，建设开放型世界经济。这为国际发展合作注入了新的理念，为推进国际金融法律规范创设、推动现代国际法发展发挥着重要作用。

一、与传统多边开发银行展开合作竞争

金砖开发银行已同世界银行、亚洲开发银行、欧洲复兴开发银行、欧洲投资银行等国际多边开发机构签署了合作备忘录。在此有必要说明的是，亚洲开发银行、欧洲复兴开发银行、欧洲投资银行从治理机构、资本来源、运营理念等问题上具有相似性，其与世界银行的联系极为密切，被誉为复制版的世界银行。

金砖开发银行与传统多边开发机构的合作关系体现在备忘录的内容规定之中。具体表现为金砖开发银行对于传统多边开发机构优势领域的学习与借鉴。合作范围包括：探索和寻求项目融资合作机会；按照各自的政策和程序，促进知识交流；寻求金砖开发银行确定的优先领域的咨询服务合作；促进人力资源的建设；探索和追求财政管理合作机会；提供新兴开发银行确定的优先领域的培训；由双方书面订立的任何其他领域的合作。

作为新兴多边开发机构，在其成立之初便被视为传统多边开发机构的挑战者。考虑到金砖国家集合了全球 40% 的人口，20% 的全球经济产出，以及在 IMF 中超过 11% 的表决权。金砖开发银行在全球金融法律秩序中的地位不容忽视。根据测算，金砖开发银行在 2025 年的贷款总额将达到 450~650 亿美元。这一规模虽与世界银行 1200 亿美元的规模相距甚远，但是将达到亚洲开发银行的同期水平。

金砖开发银行同世界银行等传统多边开发机构的竞争，还体现在运营理念与规则之争，继而推动后者改革。金砖开发银行的成立，将会推进世界银

行在治理结构、投资偏好、运作规则等领域的改革，同时，金砖开发银行采取的非常驻董事的制度以及控制管理运营人员的规模，将会在提高效率的同时，减少行政支出。金砖开发银行在贷款条件性、环境社会政策等领域的优势将会促使世界银行出于业务发展的考虑，调整其政策偏好，进而影响其规则发展。金砖开发银行对于基础设施领域的关注，深刻影响着世界银行对于这一领域的偏好。2014年，世界银行启动了全球基础设施贷款，以支持发展中国家基础设施建设。这也凸显了世界银行重拾对于基础设施投资领域的关注。

二、推动国际经贸法律规则发展

国际秩序和国际权力受到合法性政治的制约。合法性能够带来自愿服从，进而导致制度安排的形成、调整和重塑。金砖开发银行推动国际金融法律秩序的演进离不开对于合法性问题的讨论。责任的分担和分摊是合法性政治的重要表现形式。金砖开发银行的设立与运作可以视为发展中国家在承担深化全球金融合作、维护全球金融稳定的责任。金砖开发银行丰富国际金融法律规则制度的内容构成了其推动国际金融法律秩序变革的合法性实践。

第一，推动国际开发性金融规则发展。金砖开发银行的成立增加了国际金融机构中金砖国家的话语权，为推进发展中国家融资难问题的解决，深化南南合作提供了新的契机。金砖开发银行坚持平等、包容、可持续发展作为运营理念，主张在贷款发放、项目选择、建设过程中，尊重借款国主权，不强迫借款国接受某一发展理念，也不以严苛的条件性规定，要求借款国对其国内事务和国内制度进行完善和改革。在具体的规则设计中，金砖开发银行以可持续发展为核心，建立绿色金融规则、制度，推广绿色金融实践，引领全球经济转型升级的潮流；同时，注重依靠发展中国家自身的力量加强法治建设，增强在知识分享、技术援助、资金支持等方面的援助，提升发展中国家建设国内法治的能力水平，推进发展中国家法治向着更高水平方向迈进。

第二，推进国际金融机构改革。2008年国际金融危机后，扩大和加强发展中国家对国际经济决策和规范制定的参与，加快推进布雷顿森林机构改革使其更好地反映当前现实，以提高机构效率、公信力、问责度与合法性成为国际社会的普遍共识。国际货币基金组织和世界银行推行的改革仅体现在实现治理结构的公平层面，在其功能改革领域，如职权范围、技术能力层面的改革依然不足。金砖开发银行的设立为倒逼国际金融机构改革提供了契机。具体而言，金砖开发银行可以与世界银行等传统多边开发机构展开市场竞争，促使后者在项目选择、贷款融资、项目运作执行过程中，实现规则融合，完善丰富规则标准，改进开发融资的工作质量和水平。金砖开发银行也可以同传统多边开发机构就强化融资能力、联合投资、知识共享、技术援助等活动展开合作，提升借款国可持续发展的能力建设。同时，金砖开发银行也可以就借款国经济信息收集、整合、处理与传统多边开发机构展开合作，提升信息的有效性和利用效率。

第三，促进国际货币制度改革。作为多边开发银行，货币在业务运转中是最重要的媒介。金砖开发银行以何种货币发放贷款将会对国际货币体系产生重大影响。伴随着人民币加入国际货币篮子，其国际化水平不断提升。这也为金砖国家提升自身在货币体系改革中的话语权创造了条件。金砖开发银行已经发放了以人民币作为计价货币的贷款，以卢布和卢比为计价货币的贷款发放也被提上议程。金砖国家依托本币发放贷款或者进行融资的活动开展，将冲击现有的国际货币体系，推进金砖国家内部"去美元化"趋势，从而推进国际货币体系的多元化改革。

第四，完善国际金融监管规则。2008年金融危机后推行的一系列金融监管体系改革对于形成富有弹性的国际金融体系具有重要作用。但是，在推进改革的背景下，国家的财政货币政策空间不断压缩，紧急事件的应对权力受到限制。这可能会增强经济在面临金融冲击时的脆弱性。发达国家货币政策的溢出效应之一即是将过剩流动性转化为国际游资，而游资的逐利性将会对发展中国家脆弱的金融体系造成重大威胁。美联储不断释放加息的消息，会增大发展中国家资本外流的风险，加之部分国家外汇储备不足，货币贬值在所难免，从而诱发金融体系的不稳定。金砖应急储备安排在成员国中扮演最后贷款人的角色，在满足一定条件时通过货币互换提供救助资金，从而稳定市场预期，维持金融市场稳定。

第五，促进国际法实施。金砖开发银行在其业务运作过程中，自觉遵守国际法，不干预成员国的政治事务，并将"联合国会员国"作为接纳新成员的重要标准，体现了对于现行国际法的遵守。同时，金砖开发银行在其制定的贷款政策文件、经济与环境社会框架文件中，将遵守原住民、移民安置、环境问题作为优先考虑的事项，并将自身的业务活动、融资、技术援助与遵守以《联合国宪章》为核心的现代国际法、实施《2030年可持续发展议程》结合起来，体现了金砖开发银行作为国际法遵守的中介，确保借款国遵守环境、人权、发展等方面的国际标准和国际法律规范。最后，金砖开发银行在运营8年来逐步向可再生能源、绿色和具有气候韧性的基础设施等领域的项目提供资金，促进低碳增长，支持成员国减少温室气体排放的国家战略。以《巴黎协定》实施为依据，致力于帮助成员国实现可持续发展目标，尤其是消除贫困和饥饿，以及成员国作为巴黎协定缔约方提交的国家自主贡献目标。

本章小结

多边开发银行体系对全球经济发展做出过巨大贡献，但在长期发展过程中也积累了诸多弊端。21 世纪以来新兴经济体的整体崛起及其对基础设施建设资金的巨大需求，进一步凸显了现有多边开发金融机构在基础设施建设资金供给方面的不足。为了解决这一问题，新兴经济体一方面通过扩容改造已有多边开发银行，另一方面着手建设新的多边开发银行。筹建了金砖国家开发银行、亚洲基础设施投资银行，均属于市场化运营、以满足基础设施融资需求为目的的专业性多边开发银行。前者是在国家集团内部的国家间合作，后者则是采用自愿方式的国家间合作。两家银行的建设均体现了专业化、多元化和民主化的特点。通过在货币支付、信用评级、财务审计等诸多领域的创新合作，新多边开发银行也将协助新兴经济体塑造自身的经济软实力。金砖开发银行的建立亦将促进多边开发银行系统的竞争与发展。新兴经济体的努力将会逐步推动全球金融治理的民主化，营造一个更适合现实需求、更加理想的国际开发性金融环境。

第五章　金砖开发银行的未来发展与中国的作为

金砖开发银行正在经历由物质上的杠杆作用（material leverage）向观念能力联合体（association of ideational capacity）的转变。这一转变不代表对于金砖开发银行发展限制性因素的克服，而代表着金砖开发银行成为金砖国家设计其全球治理政策的场所。金砖国家的差异性也可以被强有力而充满弹性的临时性、折中性的组织文化包容。金砖开发银行所处的时代，决定了其不仅是发展中国家建立的具有经济属性的新兴多边开发机构，也决定了其需要肩负起推进南南合作与南北对话、推动国际金融法律秩序变革的政治使命。

第一节 金砖开发银行面临的挑战与困境

一、国际环境的挑战

拜登政府上台以来，继续执行特朗普政府对华的遏制战略，并将中国视为美国最为主要的战略竞争对手，动用所有的战略外交工具抗衡中国。2021年4月，美国参议院外交关系委员会起草了《2021年战略竞争法案》，（1）呼吁政府提出对华外交战略，重申美国对盟友和伙伴国家的承诺，并重申美国在国际组织和其他多边论坛中的领导地位，从而应对中国在西半球、欧洲、亚洲、非洲、中东、北极和大洋洲构成的挑战；（2）呼吁政府投资普世价值，授权一系列"人权和公民社会"措施，包括插手香港、新疆等地区的事务，并呼吁加强与台当局的"伙伴关系"；（3）对抗中国"掠夺性的国际经济行为"，包括追踪"知识产权侵犯者"和中国公司在美国市场的存在等；并呼吁美国向打击海外腐败行为的国家提供技术援助，并向受新冠疫情影响的最贫穷国家提供债务减免；（4）面对中国军事现代化和"军事扩张"，应加强与盟国在军控方面的协调与合作，共享战略领域的信息。

2022年11月14日，习近平主席在印度尼西亚巴厘岛同美国总统拜登举行会晤。这是两国元首为重新校准中美关系而进行的一次重要会晤，对稳定中美关系大局以及推动两国在多领域保持对话与合作具有重大意义。然而，美国试图与中国达成管控分歧、规避冲突的共识，其真实目的并非要放弃与中国的竞争，而只是为了确保竞争不会脱轨失控。在一定程度上而言，构筑牢固的"防护栏"反而可能进一步升级美国对华战略竞争。2021年，古特雷斯在第七十六届联大继续重申了这样的观点。他说我担心我们的世界正朝着两种不同的经济贸易和金融体系、技术规则发展，两种不同的人工智能发展方法，以及两种不同的军事和地缘政治战略，一旦出现这样的情况将带来麻烦，它比冷战时期更难以预测。

美国还推出印太经济框架（IPEF），作为印太战略的延伸，试图在经济上打击中国。根据白宫发表的声明，IPEF 共有 13 个初始成员国，分别是美国、澳大利亚、文莱、印度、印尼、日本、韩国、马来西亚、新西兰、菲律宾、新加坡、泰国和越南，13 个成员国 GDP 占全球 40%。声明重点阐述了 IPEF 侧重的四个关键支柱：互联互通的经济（贸易）、有韧性的经济（供应链）、清洁的经济（清洁能源）和公平的经济（反腐败）。2022 年 5 月 26 日白宫网站宣布，斐济成为 IPEF 第 14 个初始成员国，同时也是第一个加入 IPEF 的太平洋岛国。该协议目前只是一个框架，后续需要进一步填充。正是因为它只是一个框架协议，所以具有很强的可塑性，也成了各个参与成员国凝聚共识的基础。认为一开始是一张白纸，更容易描绘出更好更美的图画。

二、外部风险的增加

俄乌冲突升级后，美国及其盟友对俄罗斯发起极限制裁，把世界经济政治化、工具化、武器化，对国际粮食价格、能源价格造成巨大冲击，令全球供应链"梗阻"越发严重，给艰难复苏中的世界经济设置更多阻碍。

国际货币基金组织总裁格奥尔基耶娃日前表示，俄乌冲突使全球经济复苏遭受巨大挫折，其影响将导致 143 个经济体今年的经济增速预测值被下调，这些经济体占全球经济总量的 86%。全球经济复苏本就面临地区不平衡、政策不协调以及疫情不断反复带来的诸多不确定性，而俄乌冲突更令复苏进程难上加难。国际货币基金组织总裁格奥尔基耶娃指出，世界面临着"一场危机中的危机"。

世界银行预计，今年乌克兰经济将萎缩 45.1%，俄罗斯经济将萎缩 11.2%；欧亚地区新兴市场和发展中国家经济将萎缩 4.1%，而不是此前预计的增长3%。世界贸易组织预计,俄乌冲突可能导致今年全球贸易增速降至2.4%到3%,而不是此前预测的4.7%;全球经济增速下降0.7到1.3个百分点,降至3.1%至3.7%。俄乌冲突升级前,在疫情造成的供应链"梗阻"、大宗商品价格的波动以及部分国家的超宽松货币政策等因素叠加影响下,全球通胀水平本已处在高位。俄乌冲突升级后,西方对俄极限制裁措施改变了能源等大宗商品供求关系,进一步推高各国通胀。美国劳工部数据显示,美国消费者价格指数同比涨幅已连续六个月高于6%,3月同比上涨8.5%,涨幅刷新逾40年峰值。欧盟统计局公布的初步统计数据显示,4月欧元区通胀率按年率计算达7.5%,连续6个月创历史新高。

俄乌冲突导致国际资本市场不确定性增加。全球资本流动和汇率的不稳定性增加、借贷成本上升,并伴随着严重的外债支付困难风险,这样的环境对那些最不发达国家和中等收入国家来说尤其严峻。发达经济体的加息举措,加上全球金融市场的无序波动,可能对发展中国家产生复杂影响。由于投资者寻找避风港,商品、货币和债券市场的波动已经引发了资本外逃以及发展中国家金融负债的风险溢价上升。发展中国家的债券收益率自2021年9月以来一直在上升。普遍的债券收益率上升,是金融状况收紧的一个明显信号。自俄乌冲突爆发以来,发展中国家债券的收益率平均增加了36个基点,严重依赖粮食进口的国家增幅更大。

三、内部的制度困境

伴随着外部风险的持续增加,金砖开发银行尚未建立以风险管理为核心的制度架构。以气候风险为例,贷款政策文件规定了将环境社会议题作为贷款项目评估的重要标准,然而这一标准并未明确说明是否考虑气候风险的因素以及气候风险的传导性问题。气候或环境突发事件一方面可能直接造成企业的财产损失,这可以直接反映到企业的财务报表中,另一方面也可能造成业务中断或经济活动减少从而导致企业的生产和需求放缓,这将间接地对企业的收入、成本、利润等财务指标造成影响,进而对贷款与价值比率、股本回报率、资产/负债比率和利息覆盖率产生影响。金砖开发银行尚未单独制定《风险管理框架》，未能针对气候风险，分析各种气候情景下气候风险影响所产生的信贷风险，从而在风险管理制度设计上缺乏针对性。

伴随着气候风险的影响日甚，越来越多的投资者希望将更多的资金用于气候投资，这就需要金砖开发银行在发行债券，开展融资活动时，需要进行信息披露。当前金砖开发银行的环境信息披露制度尚不完备，难以满足投资者对信息披露的要求。具体而言，金砖开发银行在《可持续融资政策框架》中明确说明了通过融资取得资金将投向可持续发展领域，促进基础设施投资增强抵御气候风险的能力。披露的指标包括减少的温室气体排放数量、项目投资的受益人数、创造的就业机会数量、人均收入增加状况。这实际上阻碍了市场投资者基于信息做出决策。

支持借款国能力建设是金砖开发银行开展发展合作的重要内容。借款国的国情差异使其在面对各类风险时需要在经济价值和环境价值间进行权衡，由此形成本国的经济发展、环境保护政策。鉴于借款国仍面临较大的经济发展压力，一味地苛求其注重环境而忽略经济发展是不现实的，同时也不符合有区别责任的原则。这就自然而然导致了不同借款国的发展政策、环境政策的差异，从而影响了其执行可持续发展行动的力度。在法律层面，由于各国法律文化、法律制度、法律体系的差异性，决定了法律规则体现的价值不同。不同的法律价值直接影响了对气候风险的规制模式，以及社会公众对风险的认识程度和认识分歧，进一步影响了政府采取相应行动的积极性。

第二节 习近平全球经济治理思想对金砖开发银行建设的作用

以平等为基础、以开放为导向、以合作为动力、以共享为目标四点内容是习近平全球经济治理思想对于完善全球经济治理的精确论断。这一深刻论断组成了习近平全球经济治理思想的内容形态，对全球经济治理的发展完善、国际经济秩序的变革走向具有重要的指导意义，深刻影响着金砖开发银行的建设进程。

一、坚持主权平等

全球经济治理是治理主体、治理对象、治理机制、治理体系互动的过程，平等应自始至终贯穿于这一互动过程之中，从而体现治理过程的正当性。平等强调国家之间的主权平等，无论国家大小，实力强弱，其在参与全球经济治理中享有的权利和获得的机会应该是平等的，任何旨在歧视或者损害一国参与全球治理过程的行为均是违反平等原则的。考察现行的全球经济治理机制，不平等的现象仍然广泛存在。WTO 体制下，发达国家利用其经济实力和影响力干预 WTO 的正常运转，进而导致多哈回合谈判陷入停滞。以美国为首的西方国家控制"理念输出"与规则制定权，依托国际货币基金组织以结构性调整贷款的名义侵蚀借款国主权，实现其战略利益。世界银行在发放贷款时往往受到国家关系、地缘政治、政治体制的影响，并通过设定贷款条件影响借款国的经济改革计划，实现对于借款国经济的渗透与控制。这种以支持发展为名行干涉内政之实的行为是不符合平等原则要求的。此外，治理机制不是一成不变的，其需要随着国际形势和国家实力的变化而不断发展更新。伴随着发展中国家力量的崛起以及发达国家的相对衰落，以国际货币基金组织、世界银行为核心的传统经济治理机制已经不能反映现实变化的需求，通过改革使其更能体现新兴国家的利益诉求，提升新兴国家在全球经济治理中制定规则的决策权，也是平等的应有之义。

表决权分配与投票权行使是金砖开发银行决策机制的核心内容，这也影响着其治理机构的正常运转以及相关业务决定的作出。成员国的表决权由其各自认缴的出资决定。基于《成立协定》的规定，五个成员国之间认缴的出资是相等的，这便决定了五个成员国拥有相同的表决权。与传统多边开发机构基于认缴份额的多少划分表决权相比，金砖开发银行的表决权分配方式凸显了平等的理念。表决权分配的模式直接影响着董事会的人员组成问题，直接对银行的决策产生影响。截至目前，金砖开发银行已经完成扩员，吸纳了阿联酋、乌拉圭、孟加拉国、埃及四个新成员国。在新成员国加入后，创始成员国间的表决权份额尽管被稀释，但是依然维持了平等的状态。这种治理结构设置实际上是在金砖五国之间建立了一种金融平衡机制，确保金砖五国的平等地位。

二、秉承开放导向

开放是国际经济秩序追求的重要目标，以透明度、市场准入、贸易自由化等原则为主要内容的 WTO 多边贸易体制生动体现了贸易服务领域开放的要义。推而广之，开放在国际投资、国际金融等领域也发挥着重要的作用。G20 杭州峰会发表的联合公报中强调各国继续努力建设开放型世界经济，反对保护主义，促进全球贸易和投资，加强多边贸易体制。当今的全球经济治理格局呈现出国家政策竞争性和内生性的特点，开放的理念与规则饱受质疑，排他性和封闭性规则不断涌现，冲击目前的全球经济治理机制。金融危机后的全球经济发展迟缓，西方国家的自私性显露无遗，贸易保护主义大行其道。在全球治理参与意愿问题上，伴随各国国内政治、经济、社会问题突出，各国纷纷采取内生性的国家政策，其参与全球治理的意愿降低，全球化进程受到广泛的质疑。发达国家历来标榜的自由主义国际经济秩序，开始呈现出制度性的劣势，发展中国家从中获得的相对收益与日俱增，发达国家转而趋向于采取保护主义，全球体系呈现出进一步削弱的态势。此外，区域一体化进程的加速使得全球多边经贸体制存在被架空的风险，经济治理规则碎片化的趋势日趋明显。谋求开放创新、包容互惠的发展前景已是大势所趋，要用好"看不见的手"和"看得见的手"，努力形成市场作用和政府作用有机统一、相互促进，打造兼顾效率和公平的规范格局。

同时，统筹国际和国内两个大局。国际治理与国家治理相互联系，不可分割。全球经济治理既是对全球经济问题的治理，也可以将这些全球性经济挑战内化为国内问题。国家治理的现代化水平与程度决定着参与全球经济治理水平与程度。中国经济发展体系的现代化、切实影响着中国推进全球经济治理体系变革的能力。[1]习近平全球经济治理思想统筹国际和国内两个大局，实现二者相互促进，共同发展。在统筹两个大局的思路指引下，中国参与全球经济治理的能力不断提升。一方面，中国会同其他发展中国家依托 G20、联合国展开协调合作，在整合发展中国家利益的同时，加强同发达国家之间的对话，谋求在发展援助、技术转移、资金支持等领域的合作共赢；另一方面，中国积极围绕"一带一路"高峰合作论坛、亚洲基础设施投资银行、金砖国家合作机制、金砖开发银行、金砖应急储备机制等国际合作机制，推广践行中国对于全球经济治理的新理念、新方案，从理念、规则、制度、实践等方面切实促进全球经济治理体系朝着更加体现公正合理的方向发展。

三、推动共同合作

国际合作是国际法的基本原则，其要求各国在推动政治、经济、文化事务方面展开合作，并为促进发展中国家的经济发展与社会进步展开国际合作。国际社会要优化发展伙伴关系，坚持南北合作主渠道地位，深化南南合作和三方合作，实现合作共赢。《纪念联合国成立 70 周年宣言》中强调"各国通过合作解决社会、经济、文化等国际问题，并致力于通过国家合作消除贫困，

---

[1] 蔡拓. 全球治理与国家治理：当代中国的两大战略考量 [J]. 中国社会科学，2016(6)：12.

实现全球发展"。全球经济治理呈现出主体和议题的多元化趋势。除传统的主权国家作为治理主体以外，非政府组织、区域组织也开始全球经济治理，在标准制定、发展援助、技术创新等领域发挥作用，多元治理主体之间的合作显得尤为必要。参与全球经济治理的主体需要树立国际合作的理念，通过协商一致、协调立场的方式就某一合作事项达成一致。面对各国在经济政策、贸易政策和投资政策方面的分歧与差异，国际合作的理念更应该落实到每一个国家的政治实践中去，提升合作理念的影响力。在制定全球经济治理规则、决定收益分配的过程之中，难免会出现国家之间相互竞争、相互对立的场景，各国应秉承国际合作的理念，协调各自立场，围绕共同利益达成一致，从而推进国际合作的达成以及国际议题的解决。在全球经济治理的进程中，可能会受到传统安全与非传统安全问题的困扰，通过国际合作，提升各国应对和防范风险的能力，增加国家之间的认同与互信，从而为全球经济治理创造良好的外部条件。

全球金融治理议题的多元化以及迅速扩张与金融治理制度参与的有效性形成了一组结构性的矛盾。全球金融议题的复杂性与多元性使得对其治理需要各国、国际组织、非政府组织之间的相互合作。但是目前的全球经济治理机制限制了参与金融治理主体的广泛性，金融决策与规则的制定往往掌握在少数行为体手中，金融治理的公正性饱受质疑。国际货币基金组织、世界银行为核心的国际金融组织，连同以 G20、金融稳定委员会等国际金融机制构成了现阶段全球金融治理的基本框架。西方发达国家把持这些金融组织和金融合作机制强化自身的经济统治地位、不愿放弃自身拥有的制度性权利。中国和其他发展中国家一方面积极推进"改制"，即推动以世界银行和国际货币基金组织为代表的国际金融机构改革，增强发展中国家的话语权和代表权；另一方面，积极推进"建制"，即通过建设新兴多边开发机构，践行自身的发展理念，创设相应的规则和制度，形成自身参与全球经济治理的制度性平台。

四、实现成果共享

共享利益表征于习近平总书记所倡导的人类命运共同体的理念之中，推进各国经济全方位互联互通和良性互动，完善全球经济金融治理，减少全球发展不平等、不平衡现象，使各国人民公平享有世界经济增长带来的利益。《各国经济权利和义务宪章》强调所有国家应在互相依存、共同利益的基础之上，建立国际经济新秩序。国际社会所倡导的共同利益的观念体现在平等互利的国际法原则之中，并为《建立新国际经济秩序的宣言》和和平共处五项原则所明确规定。在《变革我们的世界：2030 年可持续发展议程》中，各方强调建立包容、可持续经济增长的重要性，实现这一目标的基础是国家之间充分认识到共享合作的重要性。共同利益、平等互利均强调在经济治理进程中，治理主体应注重共享利益，而不是独占利益，应注重多方共赢，而不是一家独大。全球经济治理不应该根据财富多寡进行治理，而应该根据全球公域的原则，尽可能扩大治理参与的广泛性。每一个利益攸关主体均有权利参与这一治理过程，分享治理中的收益，这一目标的达成需要治理规则与治理机制的运转以共享利益为目标。能否实现利益共享是作为检视全球经济治理机制是否公正，影响全球经济治理有效性的标志。如果单个或者少数国家可以依托现有的经济治理机制牟取不正当的利益或者在规则制定权的分配上不能及时反映国家力量对比的变化，从而使得其他国家处于不公平的地位，这类的治理体制则需要变革，实现治理收益的共享则是这类治理体制变革的重要方向。

全球发展治理正在经历一场重大的变革。华盛顿共识削弱了地方、国家、全球的管理能力，其以破坏社会公正和环境可持续发展为代价换取经济自由，已经失去其正当性。而可持续发展和包容性发展正在占据主导地位。联合国开始掌握全球发展治理的主导权，新兴的发展中国家也开始更多地参与发展援助，成为全球发展治理中不容忽视的力量。但是现行的国际发展治理体系仍然建立在发达国家主导的基础之上，发达国家基于其强大的资本与雄厚的资源形成了规模垄断。伴随着新兴国家作用的增强，其要求提升自身制定规则、参与决策能力的呼声日益高涨，新的发展治理宣言和议程为国际发展治理体系向着更加体现公平效率的方向发展提供了依据，也为新兴国家谋求更加平等的参与国际发展合作秩序创造了条件。基于《2030 可持续发展议程》所倡导的包容性发展注重经济增长对其他各项社会进步目标的包容，致力于提升社会公正的程度。伴随着金砖开发银行的建成，其将与原有的国际多边开发机构共同合作，支持全球的发展治理工作。在发展治理中，中国坚持平等互信，尊重各国自主选择的发展道路和社会制度，不附加任何政治条件；中国坚持互利共赢，将他国发展当作自身机遇，不追求利益最大化和我赢你输的零和模式，联手开发国际市场；坚持团结互助合作，通过不结盟运动、七十七国集团等机制保持沟通和协调，照顾最不发达国家、内陆国家、小岛屿发展中国家特殊需求，提升自身发展能力。

新时代新形势下，习近平总书记审时度势，结合中国国情与实践提出了习近平全球经济治理思想。这一治理思想反映了当下以中国为代表的发展中国家对于全球经济治理的态度以及对于新型全球经济治理价值理念的呼唤，同时是中国向国际社会提供的公共产品，对于引领和推进全球经济治理体系变革具有重要作用。习近平全球经济治理思想提出平等、开放、合作、共享的全球经济治理观，倡导建设开放、包容、普惠、平衡、共赢的经济全球化，推动增加新兴市场国家和发展中国家的代表性和发言权，致力于实现全人类的共同利益。人类命运共同体是习近平全球经济治理思想的根本目标。这一目标的实现需要国家、国际组织等多元行为体相互协作，需要坚持正确义利观，需要在金融、贸易和投资、能源、发展四大领域展开密切合作。未来的全球经济治理，体现为各国国家利益的高度融合，进而不断凝聚成共同利益；体现为各国在经济合作中的权利平等、机会平等、规则平等；各国在责任承担上的主动承担，但也"量力而行，尽力而为"。

第三节　金砖开发银行的未来发展方向

第一，践行新多边主义理念。在阐述新多边主义的内容前，我们有必要对于旧多边主义、有选择的多边主义进行解释，以此实现理论上的区分。旧多边主义体现为以"主权国家"为中心的自上而下的多边主义模式，其具有不可分割性、普遍规范性和扩散互惠性的特点。[1]有选择的多边主义则是披着多边主义的外衣，以意识形态和权力零和博弈为纲领，联合盟友实施对抗、打压其他国家的行为。依据联合国秘书长在 2008 年所做的报告，新多边主义包含五大元素：第一，优先提供应对跨境和影响全人类命运威胁的全球公共产品；第二，认识到全球挑战之间的复杂关联；第三，重视发展中的弱势群体；第四，扩大应对全球挑战的参与主体，并与之合作；第五，调整和加强现行多边架构。[2]从旧多边主义到新多边主义，实现从政府为核心向以多元行为体核心的转变，国家与社会群体之间的权力更加分散、相互承认不同文明并且以协调方式解决争端。[3]在新多边主义项下，透明度、问责性、包容性得到提升，民主赤字得到有效改善。

随着权力的消长以及新型国际关系和国际关系民主化进程的发展，国际社会更需要一种反映力量平衡和多元理念的制度秩序，或者说是一种更加名

---

[1]　John G.Ruggie. *Constructing the World Polity: Esssays on International Institutionalization*[M]. Routledge,1998: 12-13.

[2]　UN. Report of the Secretary-General on the Work of the Organization[R/OL].UN Doc.A/63/1, 2008.

[3]　Robert Cox. *The New Realism: Perspective and Multilateralism and World Order*[M]. United Nations University Press,1997: 18-58.

副其实的多边制度秩序。[1] 以金砖开发银行、亚洲基础设施投资银行、上海合作组织银行（筹建）为代表的新开发机构，也是新多边主义的制度性成果。与传统的新多边主义不同，其在参与区域治理或者全球治理中始终代表着发展中国家的利益和呼声。在具体的制度建设上，其不追求传统"一刀切"的规范形态，而是注重基于特定国家的国情和实践、依据具体的项目，与借款国协商确定环境社会标准，注重借款国的能力建设。当今在主权方面的最重要的决定性因素可能不是原本属于内政或国内管辖的事项，而是国家在国际组织或者利用国际组织所拥有的特权。[2]

国际社会组织化的态势进一步增强。全球性的挑战相互关联，危机传导性更强，影响范围更大，各国无法独自管控风险，多边主义依然是应对全球性挑战最有效的办法。围绕制度创设、规则适用、解释的国家竞争会日趋激烈。无论国家是否明确承认国际法的作用，在其从事某一特定行为，或者论证某一行为合法时，其往往采用证明行为与国际法相符合的方法。全球化使全世界的脱贫工作取得巨大成就，改善了几乎世界各地的生活条件。但全球化极为不公平。随着财富的增加，不对称的问题愈加严重，使世界各地数百万人远远落在后面。不论发达国家还是发展中国家，不论北方还是南方，他们面临的不平等和边缘化现象都甚于 20 年前。[3] 推动全球化再平衡，提供更多先进理念和公共产品，推动建立更加均衡普惠的治理模式和规则，促进国际分工体系和全球价值链优化重塑，[4] 成为大势所趋。发展则是全球化再平衡的核心问题。金砖开发银行为金砖国家引领全球化走向，推动更加均衡普惠的模式和规则提供了抓手。金砖开发银行的未来需要引领全球发展向着平等互利、普惠包容、公平正义的方向发展，需要在更大范围内推动彰显自主性、创新性的发展合作规则适用和实施。在这个相互依存的世界，无论是国家还是国家组织，都不能孤身应对全球挑战，多元主体合作、公私合作已是大势

[1] 秦亚青. 世界秩序刍议 [J]. 世界经济与政治，2017（6）：4-13.

[2] Abran, Antonio Handler Chayes. The New Sovereignty[M]. Harvard University Press 1995: 27.

[3] UN. Report of the Secretary-General on the work of the Organization[R/OL]. UN Doc.A/72/1, 2017.

[4] 习近平：金砖国家需合力引导好经济全球化走向 [EB/OL]. (2017-09-03) [2023-09-10]. http://www.xinhuanet.com/world/2017-09/03/c_129695175.htm.

所趋。国际社会需要不同行为体秉承善意，遵循现代国际法，紧密合作，以期丰富发展国际法律秩序，实现国际和平与安全、发展与繁荣。

第二，坚持职能必要原则指引组织建设。职能必要原则的作用在于为判断国际组织的决策和执行行为的合法性提供了依据。为切实发挥金砖开发银行作为提升中国国际话语权的平台作用，中国可借助在治理结构中的地位和角色，对组织自主性进行调整，以此来完善内部和外部法律制度，促进组织的稳健运营和长远发展。

针对内部法律制度的完善，中国可从抑制组织官僚化的角度，规制组织的自主行为。[1] 执行董事会作为日常运营机构，通过对基本文件的解释，可以获得制定政策指南、管理制度等规范性文件的权力，以约束管理层和工作人员行为。制定后的规范性文件不仅会在组织内部产生法律约束，还会对借款国、借款国国内的公民产生间接影响。因此，执行董事会需在遵循职能必要原则的前提下行使解释权。为增强对解释权的制约，中国可推动金砖开发银行完善治理结构建设，通过建立规范性文件的公开制度和评议制度，接受外部监督，同时听取利益攸关方的意见，完善参与程序和磋商程序。此外，管理层和工作人员作为规范性文件的执行者，需采取举措规制因信息不对称和价值观念影响而实施的自主性行为。中国可推动完善《商业行为和伦理守则》，以风险管理为导向，选取管理层和工作人员在执行工作中的关键节点，细化考核评价标准，提升履职效果。同时加强国际组织人才培养，在国内高校建立多边开发银行人才培养基地，使更多具有中国知识和文化背景的人才在组织运营中发挥作用。

针对外部法律制度的完善，从支持亚洲地区经济发展的功能着手，推动"知识银行"建设，加强对发展问题的理论政策研究，开展跨国政策咨询，深入挖掘融合国家与市场发展经验的理论内涵，进行推广与转化，指引借款国的发展实践。同时，在"保护环境和人权"与"维护国家设定自身优先发

---

[1] [美]迈克尔·巴尼特，玛莎·芬尼莫尔. 为世界定规则: 全球政治中的国际组织 [M]. 薄燕，译. 上海: 上海人民出版社，2009: 40-46.

展领域和发展道路的合法权利"之间寻找平衡，围绕债务可持续性、环境保护等领域，从不同借款国项目贷款实践中提炼总结共通性的标准，继而通过董事会专门决议的形式将其上升为对各方具有约束力的原则规则，从实践到规则以确立金砖开发银行探索创设治理合作规范的特色路径。最后，完善融资合作中的信息披露制度，逐步确立以真实准确完整和风险及时揭示为核心的披露原则，强化对借款国的技术援助，综合运用第三方评估机构、利益相关方的教育沟通机制、项目监测和评价制度等方式，增强借款国的能力建设。

第三，拓展能力合作空间。金砖开发银行能力建设水平的提升离不开成员国之间的合作与推动。作为金砖开发银行和亚投行的重要成员国，中国可以提升能力建设为核心，继续加大金砖开发银行在技术和人力资源开发合作等方面的投入力度，不断丰富合作内容、创新合作方式，为发展中国家能力建设贡献中国经验和中国方案。推动金砖开发银行能力建设制度完善。一方面，重视在支持绿色转型过程中可能引发的社会问题甚至社会风险，防范气候风险的扩大化，通过技术援助、人力资源建设等手段促进借款国的公平转型。另一方面，深化同成员国、借款国国内金融机构的合作，探索气候投融资差异化的业务模式、组织形式、服务方式和管理制度创新。创新运用碳期货等金融衍生工具。

加强对气候变化的跟踪研究，提升气候风险的量化分析和管理能力。加强对全球气候变化、气候政策的跟踪研究，积极研判碳达峰、碳中和背景下经济结构、能源结构、产业结构转型路径，前瞻性调整优化投融资策略。完善气候风险压力情景生成机制，有效开展气候风险对银行冲击的压力测试。充分运用大数据、物联网、区块链等先进技术，提升应对气候风险的能力。积极参与气候环境领域相关问题的国际合作，加强与国际监管机构和主要中央银行就气候环境风险进行对话，加快推进气候环境风险向金融体系传导机制和路径等问题的联合研究，为深化能力建设合作提供知识保障。

本章小结

全球金融治理体系变革是一个长期的过程，其不是对于现行国际金融法律秩序的完全推翻，而是在现行法律制度框架内进行补充与完善。金砖开发银行作为发展中国家组建的国际金融机构，始终强调尊重发展中国家各自选择的发展道路，理解和支持彼此利益，平等团结，开放包容，建设开放型世界经济。这为国际金融合作注入了新的理念，为推进国际金融法律规范创设、推动现代国际法发展发挥着重要作用。

金砖开发银行建设中的问题也可能成为推动全球金融治理体系变革的限制因素。创始成员国的异质性使得大国平衡的治理结构设置容易在创始成员国意见不一致时受到影响。金砖开发银行在贷款业务运作中，不附加条件，保障资金安全、参与借款国能力建设、监督发展效果的作用受到限制。金砖开发银行塑造全球金融治理体系的资金硬实力和理念引领、规则创设、知识分享等方面的软实力存在不足。金砖国家之间围绕政治、安全议题的冲突，使其各自利益存在分歧。国际形势的变化，新冠疫情的冲击，金砖开发银行的外部质疑打压之声不断，金砖开发银行发展的客观环境不确定性增强。

中国在坚持金砖精神的基础上，践行新多边主义，凝聚共同发展理念，积极引领金砖国家间化解分歧、解决争议，保障经济实力不对称的金砖国家之间的平等，促进金砖合作。通过制度建设，加强贷款风险管理，充分发挥金砖开发银行的协调监督作用。同时注重理念引领，建构"领袖型国家"的身份，助力形成各国一致认同的方案。通过金砖开发银行，中国可以将自身的发展理念通过规则扩散的形式对外传播，逐步将发展理念"普遍化"。金砖国家的发展理念主张坚持走自主选择、具有自身特色的发展道路，彼此分享治国理政成功经验，把能力建设作为重点，探索多元发展；在参与区域治理或者全球治理中始终代表着发展中国家的利益和呼声；在具体的制度建设上，不追求传统"一刀切"的规范形态，而是注重基于特定国家的国情和实践、依据具体的项目，与借款国协商确定环境社会标准，注重借款国的能力建设；促进国际金融机构在增强代表性和公正性、转变合作理念等方面的改革。

结　论

◇————————◆————————◇

　　新冠疫情与百年未有之大变局相互叠加，交织影响。当前全球金融治理体系正在加速转型。金砖开发银行作为新兴国际经济金融组织，进一步强化了国际社会组织化的趋势，反映了国家之间谋求共同利益、开展国际合作的时代潮流。在新旧秩序更迭、新旧价值观博弈的时代背景下，金砖开发银行的设立反映了国际社会要求国际秩序变革、完善全球金融治理的呼声，为发展中国家获取制度性权利，对未来国际金融秩序作出长远性制度安排奠定了基础。金砖国家设立金砖开发银行并非颠覆现行国际秩序，而是与现行国际秩序相互依存，补充其存在的不足。金砖国家深刻认识到当今世界正在经历深刻变革，并向着以联合国发挥中心作用、尊重国际法为基础，更加公平、民主、多极化的国际秩序转变。国际秩序的转变不再是激烈的、对抗式的武装斗争或者经济战争，而是建立在规则、合作基础上的温和过渡。现行国际秩序并非需要全盘抛弃，而是要朝着更加体现公正合理的方向发展。

　　金砖开发银行能够推动全球金融治理体系变革的原因在于其提供了不同于传统多边开发银行的制度形式。不仅追求成员国表决权的形式平等，也注重成员国表决权的实质平等；不仅借鉴传统多边开发银行的贷款理念与制度架构，也充分发挥灵活性，尊重借款国自主性，引领发展的有效性；不仅以新的主体身份作为完善全球金融治理的重要参与者和积极建设者，也注重发展同传统多边开发银行、新兴多边开发银行的合作。

金砖开发银行日益成为金砖国家推进全球金融治理体系变革的抓手。金砖开发银行为金砖国家整合国家利益、形成一致全球政策提供了平台，也为推动金砖国家和发展中国家的可持续发展合作打下了坚实基础。金砖开发银行可以引领全球金融治理体系变革的理念取向，致力于实现人类共同利益，促进平等、包容、可持续发展，构建合作共赢的全球伙伴关系；可以促进全球金融治理体系迈向法治化的机制建设，推动造法机制、守法机制、司法机制的发展进步；可以丰富全球金融治理体系迈向法治化的实体内容，推动国际开发性金融规则发展、推进国际金融机构改革、促进国际货币制度改革、完善国际金融监管规则。

新冠疫情对金砖国家经济冲击、俄乌冲突不会对金砖开发银行的前景产生决定性影响。金砖国家在全球范围和区域范围内的影响力决定了即使经济陷入低迷，仍不能改变其在全球政治经济事务中扮演重要角色的现状。而金砖开发银行业已确立的制度、规则也可以延续金砖国家的影响力和控制力。金砖开发银行的长期运营取决于其融资能力，同时也取决于金砖国家内部的团结协作。领袖型国家可以为融资提供保障，也可以成为斡旋调停各方利益冲突、规划未来发展蓝图的重要一方。当然，实现金砖国内部团结协作的状态无疑需要损耗效率以及平衡金砖国家的短期与长期利益。在成员国内部团结的前提下，金砖开发银行才能更好地担负起推进南南合作与南北对话，推动国际金融法律秩序变革的责任。

体量、规模与金砖国家的共同利益决定了金砖开发银行不会颠覆国际金融法律秩序。在既有规则和制度基础上，增强代表性和合法性，引领国际金融法律秩序体现经济全球化再平衡的发展方向，是金砖开发银行的现实选择。金砖开发银行需要克服平均分配表决权引发的对于金砖精神的侵蚀，中国积极建构领袖型国家身份可作为这一问题的解决之道。金砖开发银行需要适时拓展其业务范围，让更多的发展中国家受益，而不是仅局限于金砖国家，从而在更大程度上践行发展理念。

中国要推动金砖开发银行做好"内功"。推进融资合作，充分发挥不同发展中国家的比较优势，加强宏观经济政策协调，推动经贸、金融、投资、基础设施建设、绿色环保等领域合作齐头并进，提高发展中国家整体竞争力，集中力量做成一批具有战略和示范意义的旗舰和精品项目，产生良好经济、社会、环境效应，为南南务实合作增添动力。同时，做好"外联"。扩大同传统多边开发银行的交流，在联合融资、技术援助、知识银行建设等领域加强合作，构建多元伙伴关系，打造利益共同体，完善全球发展架构。最后，做好"合作"。充分发挥金砖应急储备机制的作用，为发展中国家提供短期流动性救助，防范金融波动，维护金融体系稳定，加强同亚洲基础设施投资银行等新兴多边开发银行的合作，促进新理念、新规则、新制度的推广落实，强化国际社会组织化的趋势，实现国际社会的发展繁荣。

参考文献

一、中文文献

（一）著作类

1. 陈喜峰 . 国际组织宪政论 [M]. 北京：法律出版社，2016.

2. 邓瑞平 . 金砖国家法律报告 [M]. 厦门：厦门大学出版社，2017.

3. 复旦大学金砖国家研究中心 . 国际治理与金砖国家的解决方案 [M]. 上海：上海人民出版社，2016.

4. 江河 . 国际法的基本范畴与中国的实践传统 [M]. 北京：中国政法大学出版社，2011.

5. 孔祥俊 . 法律方法论 [M]. 北京：人民法院出版社，2006.

6. 李浩培 . 条约法概论 [M]. 北京：法律出版社，2003.

7. 李仁真 . 国际金融法 [M]. 武汉：武汉大学出版社，2011.

8. 乐施会 . 金砖国家不平等报告集 [M]. 北京：社会科学文献出版社，2017.

9. 林燕萍，杜涛 . 金砖国家法律研究 [M]. 北京：法律出版社，2018.

10. 吕森全，韦卓信 . 世界银行贷款项目管理实务 [M]. 北京：中国电力出版社，2003.

11. 刘胜题 . 国际银团贷款法律风险分析 [M]. 北京: 中国财政经济出版社，2013.

12. 梁西，杨泽伟 . 国际组织法 [M]. 武汉：武汉大学出版社，2011.

13. 潘忠岐 . 世界秩序：结构、机制与模式 [M]. 上海：上海人民出版社，2003.

14. 瞿同祖 . 中国法律与中国社会 [M]. 北京：商务印书馆，2010.

15. 秦亚青 . 关系与过程——中国国际关系理论的文化建构 [M]. 上海：上海人民出版社，2012.

16. 邵沙平，余敏友 . 国际法问题专论 [M]. 武汉：武汉大学出版社，2002.

17. 杨向奎 . 大一统与儒家思想 [M]. 北京：北京出版社，2011.

18. 杨泽伟 . 国际法史论 [M]. 北京：高等教育出版社，2011.

19. 杨泽伟 . 国际法析论 [M]. 北京：中国人民大学出版社，2012.

20. 饶戈平 . 国际组织法 [M]. 北京：北京大学出版社，1999.

21. 饶戈平 . 全球化进程中的国际组织 [M]. 北京：北京大学出版社，2005.

22. 王灵桂 . 中国：推动金砖国家合作第二个黄金十年 [M]. 北京：社会科学文献出版社，2017.

23. 王绳祖：国际关系史（上册）[M]. 武汉：武汉大学出版社，2012.

24. 王铁崖 . 国际法 [M]. 北京：法律出版社，2005.

25. 王铁崖 . 国际法引论 [M]. 北京：北京大学出版社，1998.

26.王逸舟.创造性介入——中国外交的转型[M].北京:北京大学出版社,2015.

27.徐秀军.金砖国家研究:理论与议题[M].北京:中国社会科学出版社,2016.

28.俞可平.增量民主与善治[M].北京:社科文献出版社,2002.

29.姚梅镇,余劲松.国际经济法概论[M].武汉:武汉大学出版社,2004.

30.阎学通.世界权力的转移——政治领导与战略竞争[M].北京:北京大学出版社,2015.

31.闫温乐.世界银行与教育发展[M].上海:上海教育出版社,2013.

32.中国人民银行金融稳定局.金融部门评估手册[M].北京:中国金融出版社,2007.

33.肖永平,黄志雄.曾令良论国际法[M].北京:法律出版社,2017.

34.周鲠生.国际法(上册)[M].武汉:武汉大学出版社,2009.

35.朱杰进.金砖国家与全球经济治理[M].上海:上海人民出版社,2016.

(二)中文期刊、报纸

1.蔡拓.中国参与全球治理的新问题与新关切[J].学术界,2016(9).

2.车丕照.国际秩序的国际法支撑[J].清华法学,2009(1).

3.车丕照.国际社会契约及其实现路径[J].吉林大学社会科学学报,2013(3).

4.车丕照.国际经济秩序导向分析[J].政法论丛,2016(1).

5.查晓刚,叶玉.金砖开发银行的发展及其对非洲的影响[J].国际经济合作，2017（8）．

6.曹勇．国际货币基金组织贷款的政治经济学分析：模型与案例 [J]．国际政治研究，2005（4）．

7.戴长征．全球治理格局变革视野下的"一带一路"[J]．人民论坛·学术前沿，2017（4）．

8.敦志刚．世界银行的贷款管理机制及其对亚投行的借鉴 [J]．国际金融，2015（8）．

9.冯绍雷．从乌克兰危机看俄罗斯与金砖国家相互关系的前景 [J]．国际观察，2014（3）．

10.高鸿钧．美国法全球化：典型例证与法理反思 [J]．中国法学，2011（1）．

11.樊永明，贺平．"包容性竞争理念"与金砖开发银行 [J]．国际观察，2015（2）．

12.黄瑶．国际组织责任规则与国家责任规则之比较——以联合国国际法委员会有关条款草案为视角 [J]．法学评论，2007（2）．

13.韩逸畴．国际法中"建设性模糊"研究 [J]．法商研究，2015（6）．

14.何志鹏．国际法治的中国表达 [J]．中国社会科学，2015（10）．

15. 李鞍钢，刘长敏．金砖国家推动的国际金融体系改革及其权力结构取向——基于现实建构主义的分析 [J]．太平洋学报，2015（3）．

16.李稻葵，徐翔．全球治理视野下的金砖国家合作机制 [J]．改革，2015（5）．

17.李冠杰．试析印度的金砖国家战略 [J]．南亚研究，2014（2）．

18.卢静．金砖国家合作的动力：国际认知及其启示 [J]．国际问题研究，2017（3）．

19.鲁楠．"一带一路"倡议中的法律移植——以美国两次"法律发展运动"

为镜鉴 [J]. 清华法学，2017（1）.

20. 李仁真. 当代国际金融法发展的基本特征与走势 [J]. 武汉大学学报哲学社会科学版，2007（1）.

21. 李仁真，李菁. 金砖国家建立应急储备机制的政策思考 [J]. 学习与实践，2014（7）.

22. 李仁真，刘真. 金融稳定论坛机制及其重构的法律透视 [J]. 法学评论，2010（2）.

23. 廖凡. 国际货币体制的困境与出路 [J]. 法学研究，2010（4）.

24. 刘胜题. 国际银团贷款与中国银团贷款立法国际化 [J]. 现代法学，2000（5）.

25. 刘志云. 国际法的"合法性"根源、功能以及制度的互动——一种来自国际机制理论视角的诠释 [J]. 世界经济与政治，2009（5）.

26. 李巍. 金砖机制与国际金融治理改革 [J]. 国际观察，2013（1）.

27. 杨松. 全球金融治理中制度性话语权的构建 [J]. 当代法学，2017（6）.

28. 杨泽伟. 国际经济组织与国际经济秩序 [J]. 甘肃政法学院学报，1998（1）.

29. 杨泽伟. 当代国际法的新发展与价值追求 [J]. 法学研究，2010（3）.

30. 张爱宁. 发展权与环境权的冲突与平衡：中国的实践 [J]. 人权，2017（3）.

31. 郑华，杨露. 金砖国家的共识与分歧——基于五国主流印刷媒体相关报道的分析 [J]. 亚太经济，2017（3）.

32. 曾令良. 论中国和平发展与国际法的交互影响和作用 [J]. 法学评论，2006（4）.

33. 曾令良. 现代国际法的人本化发展趋势 [J]. 中国社会科学，2007（1）.

34. 曾令良 . 论诚信在国际法中的地位和适用 [J]. 现代法学，2014（7）.

35. 曾令良 . 国际法治与中国法治建设 [J]. 中国社会科学，2015（10）.

36. 赵骏 . 全球视野下的国际法治与国内法治 [J]. 中国社会科学，2014（10）.

37. 赵继臣 . 金砖开发银行与人民币国际化新机遇 [J]. 国际观察，2015（2）.

38. 周仲飞 . 全球金融法的"诞生"[J]. 法学研究，2013（5）.

二、英文文献

（一）英文著作

1.Cedric de Coning.*Thomas Mandrup.The BRICs and Coexistence*[M],Routledge Global Institutions Series,2014.

2.C. F. Amerasinghe.*Principles of the Institutional Law of International Organizations*[M].Second Revised Edition.Cambridge University Press,2015.

3.Dinah Shelton.*Commitment and Compliance：The Role of NonBinding Norms in the International Legal System*[M].Oxford University Press,2000.

4.Francesca Beausang.*Globalization and the BRICS Why the BRICS Will Not Rule the World for Long*[M].Palgrave Macmillan,2012.

5.Jing Gu,Richard Carey.*Alex Shankland.The BRICS in International Development*[M].Springer,2016

7.Joel.*Oestreich.Power and Principle：Human Rights Programming in International Organizations*[M].Georgetown University Press,2007.

8.Leonie F.Guder.*The Administration of Debt Relief by the International The Administration of Debt Financial Institutions*[M].Springer,2009.

9.Kemal Dervis.*A Better Globalization：Legitimacy，Governance and Reform*[M],Brookings Institution Press,2005.

10.Margaret McMillan.*Structural Change，Fundamentals, and Growth：A Framework and Case Studies*[M],International Food Policy Research Institute,2016.

11.Mark E.Schaefer.*The Formation of the BRICS and its Implication for the United States: Emerging Together*[M],Springer,2014.

12.Niall Duggan.*BRICS and the Evolution of a New Agenda Within Global Governance*[M].Springer,2014.

13.Oche Onazi.*Human Rights from Community：A Rights-Based Approach to Development*[M].Edinburgh University Press,2013.

14.Ray Kiely.*The BRICS，US Decline and Global Transformations*[M]. Springer,2015.

15.Robert Crane.*Building Bridges Among the BRICS*[M].Springer,2015.

16.Rich Marino.*Submerging Markets：The Impact of Increased Financial Regulations on the Future Growth Rates of BRICS Countries*[M]. Palgrave Macmillan,2013.

17.Rich Marino.*The Future BRICS：A Synergistic Economic Alliance or Business as Usual*[M].Springer,2014.

18.Samuel O. *Idowu.Sustainability,Ethics & Governance*[M].Springer,2015.

19.Schoultz Lars.*Beneath the United States：A History of U.S. Policy toward Latin America*[M],Harvard University Press,1998.

21.S.Kingah.C. *Quiliconi.Global and Regional Leadership of BRICS Countries*[M].Springer,2016.

22.Stefano Manacorda.*Francesco Centonze.Preventing Corporate Corruption The Anti-Bribery Compliance Model*[M].Springer,2014.

23.Stephen Kingah.*Cintia Quiliconi.Global and Regional Leadership of BRICS Countries*[M].Springer,2015.

24.Tullio Treves.*International Courts and the Development of International Law*[M].Springer,2013.

25.Van Dormael.*Armand.Bretton Woods：Birth of a Monetary System*[M].Macmillan,1978.

26.Mark Kobayashi-Hillary.*Building a Future with BRICS：The Next Decade for Offshoring*[M].Springer,2008.

（二）英文期刊

1.Andrew Kerner.Does It Pay to Be Poor? Testing for Systematically Underreported GNI Estimates[J].*International Organization Review*,2016(3).

2.Andria Naudé Fourie.The World Bank Inspection Panel′s Normative Potential：A Critical Assessment and A Restatement[J].*Netherlands International Law Review*,2012(1).

3.Adrien Schifano.Distribution of Power within International Organizations[J].*International Organization Law Review*,2017(14).

4.Anne O. Krueger.The Rise of Emerging Markets[J].*Law and Business Review of the America*.2012(18).

5.Anne-Marie Slaughter.The United States and the Rule of Law in International Affairs[J].*American Journal of International Law*.2005(99).

6.Antje Vetterlein.Economic Growth, Poverty Reduction, and the Role of Social Policies：The Evolution of the World Bank′s Social Development Approach[J].*Global Governance*,2007(4).

7.Balakrishnan Rajagopal.International Law and Its Discontents：Rethinking the Global South[J]. *American Society International Law Proceed-*

ing,2012(106).

8.Benoit Otis Brookens.Diplomatic Protection of Foreign Economic Interests:The Changing Structure of International Law in the New International Economic Order[J].*Journal of Inter-American Studies and World Affairs*,1978(1).

9.Carlos Santiso.Good Governance and Aid Effectives: The World Bank and Conditionality[J].*The Georgetown Public Policy Review*,2001(7).

10.Catherine Weaver.The World's Bank and the Bank's World[J].*Global Governance*,2007(13).

11.Christopher Greenwood.Problems and Process: International Law and How We Use It by Rosalyn Higgins[J].*International and Comparative Law Quarterly*,1996(3).

12.Christian Guillermet Fernandez.The Principles of Transparency and Inclusiveness as Pillars of Global Governance:The BRICs Approach to the United Nations[J].*BRICS Law Journal*,2015(2).

13.Chris Osakwe.Contemporary Soviet Doctrine on the Juridical Nature of Universal International Organizations[J].*American Journal of International Law*,1971(3).

14.C M Chikin.The Challenge of Soft Law:Development and Change in International Law[J].*International Comparative Law Quarterly*,1989(33).

15.Daniel Bodansky.The Legitimacy of International Governance:A Coming Challenge for International Environmental Law[J].*American Journal of International Law*,1999(3).

17.E .Suzuki.S.Nanwani.Responsibility of International Organizations:The Accountability Mechanisms of Multilateral Development Banks[J].*Michigan Journal of International Law*,2006(27).

18.Evaghoras L. Evaghorou.BRICS States New Development Bank:Challenges and Controversies for the Global Political Economy System[J].*International Journal of Diplomacy and Economy*.2016(4)

19.Gabriel Webber Ziero.Looking for a BRICs Perspective on International Law[J].*Brazil Journal of International Law*,2015(10).

20.Gordon A.Christenson.World Civil Society and the International Rule of Law[J].*Human Rights Quarterly*.1997(4).

后 记

当我提起笔来，准备写后记时，过往的种种经历，一一浮现在眼前。

初入国际组织研究的大门。感谢已故的曾令良教授将我引入研究国际组织的大门。虽然曾老师已经离开我们 7 年，但先生的学术风骨深刻影响着我的研究习惯。仍记得 2016 年 2 月，我完成了一篇关于"一带一路"的论文。曾老师给了我非常多的建议，并勉励我"多读书，多思考"。

聚焦金砖开发银行的研究。在博士二年级，我碰到了对我影响极大的李仁真教授。还记得初次和李老师见面之时，老师亲切地询问了我的研究情况，并结合我的研究方向，建议我聚焦金砖开发银行开展研究。李老师的指导细致入微，我在她的悉心培养下快速成长。在李老师的指导下，我开始参与由她牵头创立的仁真国际公众号运营，在这一过程中，我深深地被老师严谨的治学态度所折服。这一路走来，李老师给予我很多指导，我心存感激。

深化研究选题。本文的选题源自和我博士后合作导师胡德坤教授的交流。胡老师高屋建瓴，思路开阔，建议我用整体史观的视野看待新兴多边开发银行建设的问题。这一宏大而深远的理论框架对我产生了深远影响。在原有研究的基础上，我尝试引入全球治理体系变革分析金砖开发银行的建设问题，进一步推进研究。

"每个人都会经过这个阶段，见到一座山，就想知道山后面是什么。我很想告诉他，可能翻过山后面，你会发现没什么特别。回望之下，可能会觉得这一边更好。但我知道他不会听，以他的性格，自己不走过又怎会甘心。"我很喜欢电影《东邪西毒》中的这句台词。每个人都想成为攀登者，都想看看山的另一边。文章写作和翻越高山无异。当我开始写后记的时候，并不意味着我已经成功地翻越了那座山。对于真正的攀登者而言，山从不在眼前，而只在于心间。

感恩我的父母。没有你们的养育和培养，我又何以立足于人世间。感谢我的妻子和我的女儿，你们是上天赐予我最好的礼物。做一个攀登者从不容易，因为你们，一切都变得那么美好。

薛志华

2023 年 7 月 1 日于东院